夢中で遊べる環境づくり

0・1・2歳児

遊んで育つ
手づくり玩具

実践ライブ

はじめに

　「手づくり玩具」を考えたり作ったりするときには、いつもかわいい子どもの姿が思い浮かびます。「なんだろう〜？」と小首をかしげてモノを見るときのしぐさ、「おもしろいことみ〜つけた！」というときのキラリと光る目、モノを触っているときの一所懸命な手の表情、何かに没頭しているときの丸まった背中や肩の表情、夢中になり過ぎてよだれがタラリと落ちた瞬間…。自分の作った玩具でそんな子どもの姿が見られるとうれしくなりますね。

　本書では、身近なモノ、生活の中にある素材を使って遊びの環境をつくることを目標としています。また実践例では、モノに関わって遊ぶという「造形あそび」の内容をふんだんに盛り込んでみました。全体的に「造形」の薫りがする本になっていると思います。

　紹介した実践例にとらわれ過ぎず、本書をヒントにアレンジしたり、新しい発想でアイディアを生み出したりしながら、子どもが楽しく「遊んで育つ環境」をつくって頂ければ幸いです。

村田夕紀

本書の特長

その 1 子どもの姿から玩具を考える

玩具を作るには、子どもの姿を把握して、そのときの子どもが何に興味・関心があるのかを知る必要があります。子どもの姿に応じた玩具が分かるので、目の前の子どもたちにピッタリの玩具を探すこともできますね。

その 2 導入例つき！

全ての玩具に導入例がついています。それらをヒントに、無理なく、しぜんな形で遊び始められるようにしましょう。

その 4 子どもの発達に合わせて

子どもの発達を表すアイコンと表をつけました。目の前の子どもたちの育ちに合わせて、玩具を考えてみましょう。

その 3 身近なモノでできる！

身近なモノ、生活の中にある素材を使い、手に入りやすい材料で玩具を作っています。子どもたちにとっても、ありふれたモノが楽しい玩具に変身することは、胸ワクワクする体験となるでしょう。

8つのポイントで遊んで育つ手づくり玩具ができちゃいます

その5 ポイントがたくさん

「夢中を支えるポイント」を写真たっぷりで掲載。子どもたちの遊ぶ様子や、保育者の援助、環境構成などを分かりやすく示しています。また、「もっと玩具を楽しもう！」のページには、遊びの展開例や造形展の様子なども紹介しています。

夢中を支えるポイント

保育者も探究心をもって

保育者の材料研究や探究心が、子どもの夢中を支えます。どんな素材を入れたらおもしろいのか、子どもの喜ぶ姿や表情を思い浮かべながら、いろいろ試してみましょう。実際に触って試すことで、子どもの気持ちが分かってきます。布の生地による手触りの違いや、中に入れるモノによる感じ方の違いに着目してみましょう。

布袋の中に入れるモノ

押し笛、鈴、ビーズ、豆、ビー玉、ポリ袋、プチプチシート、緩衝材、スズランテープ、スポンジ、綿など音の鳴るモノや感触のおもしろいモノを入れます。

ビーズなど細かいモノ
ジッパー付きポリ袋に入れて

※ポリ袋から出てこないよう、ジッパーを閉め、口をテープで留めておきましょう。

ビー玉など転がるモノ
筒の中に入れて

※筒の中で転がったり動いたりする様子が、手から伝わってきます。

布地の生地

コットン、ガーゼ、サテン、サッカー地、ジャージ、フェルト、フリース、タオル地、オーガンジーなど、生地によって触ったときの感触が違います。

ガーゼ（洗いざらしたガーゼのハンカチ）
柔らか〜い
中が透けて見えるよ！
モコモコ、フワフワ…
ツルツル…
オーガンジー
フリース
サテン
ジャージ
ガーゼ
フェルト
サッカー地
コットン
色や柄も楽しいね

ゆったりとした気持ちで

カゴなどから布袋を取り出すだけでも楽しいものです。一人ひとりのペースに合わせ、ゆったりとした気持ちで寄り添いましょう。そして子どもの表情やしぐさから、どんなことを感じているのか探っていきましょう。

カゴの中のモノに興味津々です。まずは1つ、手に取って…

その6 「造形あそび」の内容がいっぱい！

いろいろなモノに関わって遊ぶ「造形あそび」の内容をふんだんに盛り込んでいます。市販ではない手づくりの玩具だからこその、素朴で温かみの感じられる、子ども主体の活動を目指しましょう。

その7 手づくりならではの玩具のあり方を解説

市販ではない手づくりの良さを踏まえ、どんな玩具を作ればいいのか、作り方のポイントや組み合わせ方を紹介！ これが分かれば、自分でアレンジもできますね。（P.8〜）

その8 素材と用具の使い方もバッチリ！

本書に出てくる素材の生かし方や用具の使い方をまとめました。（P.153〜）

もくじ

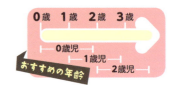
おすすめの年齢

はじめに･････････････････････････････ 1
本書の特長･････････････････････････････ 2

手づくり玩具を楽しもう！　　　8

どうして市販ではなく手づくり玩具？･･････････ 8
作るときのポイント････････････････････････ 9
玩具を組み合わせたりアレンジしたりしてみよう････ 11

第1章　手指を動かす　　　13

14	振って…振って…布袋の中には？	振る　握る　触る
18	スルスル…シュ〜	引っ張る　つまむ
20	ビリビリ…ペッタン！	剥がす　付ける
22	ボタンに夢中！ ★造形展のコーナーに	（ボタンを）掛ける
26	あれれ…？　くっ付くぞ！	剥がす　付ける
28	つまんでパッチン！	引っ張る　つまむ
30	引っ張って…あれ？　動いたよ	引っ張る　握る
32	引っ張って遊ぼう！	引っ張る　握る
34	穴にポットン、ポットン… ★＋αの工夫をしよう！	握る　つまむ　入れる
38	ま〜るい板がいっぱい！	集める　入れる
40	スリットにシュッ！　ストン！	入れる　差し込む

4

ページ	タイトル	レベル	アクション
42	ポットン、コロコロ…	0 1 2 3	握る / 入れる / 見る
44	ペットボトルの穴にポットン！ ギュッ！	0 1 2 3	つまむ / 入れる / 集める
46	紙管の穴がいっぱい！	0 1 2 3	引っ張る / つまむ / 入れる
48	チューブがいっぱい	0 1 2 3	つまむ / 入れる / 通す
52	穴に入れたり、輪っかを通したり	0 1 2 3	つまむ / 入れる / 通す
54	輪っかがいっぱい ★床に画用紙やテープを貼っておくと	0 1 2 3	通す / 並べる / 集める
58	ワイヤーネットを組み合わせて	0 1 2 3	つまむ / 掛ける / 挟む
62	マグネットでくっ付くよ！ ★付くモノや場所を探してみよう	0 1 2 3	付ける / 集める / 並べる
66	蓋つきの容器で遊ぼう！	0 1 2 3	入れる / 開け閉めする
68	キャップをネジネジ…	0 1 2 3	開け閉めする / つなぐ
72	リボンを通して遊ぼう！	0 1 2 3	つまむ / 通す
74	牛乳パックの積み木	0 1 2 3	積む / 集める / 並べる / 入れる
76	コロコロ積み木	0 1 2 3	見る / 振る / 積む / 転がす
80	ファスナーを開けたり、閉めたり	0 1 2 3	つまむ / 開け閉めする
82	洗濯ネットを使って ★こんな環境構成も楽しいよ	0 1 2 3	つまむ / 入れる / 開け閉めする

頁	タイトル	レベル	アクション
86	遊びがいっぱい！ カラフルボード	0 1 2 3	付ける／つまむ／開け閉めする
90	お気に入りのバッグ	0 1 2 3	持つ／入れる
92	輪切りにした牛乳パックで遊ぼう ★造形展のコーナーに	0 1 2 3	つまむ／詰める／組み合わせる

第2章　体を動かす　95

頁	タイトル	レベル	アクション
96	クルクル…布を引っ張って	0 1 2 3	引っ張る
98	布がスルスル…	0 1 2 3	引っ張る
100	スルスル…布を引っ張って	0 1 2 3	引っ張る／つまむ
104	ガチャガチャ…つながっているよ	0 1 2 3	振る／見る／入れる／つかむ
106	握ってガチャガチャ、コロコロ…	0 1 2 3	振る／握る／見る／転がす
108	キラキラ、ゆらゆら…きれいだなぁ	0 1 2 3	見る／握る／振る／転がす
110	光を通すときれいだよ	0 1 2 3	見る／振る／転がす
114	ゆらゆら…お水の中で揺れているよ！	0 1 2 3	触る／見る
116	見て触って感じる透明マット	0 1 2 3	触る／見る
120	見て触って感じるおもしろマット	0 1 2 3	触る／見る／ハイハイ
122	なだらかなスロープで	0 1 2 3	ハイハイ／歩く／転がす

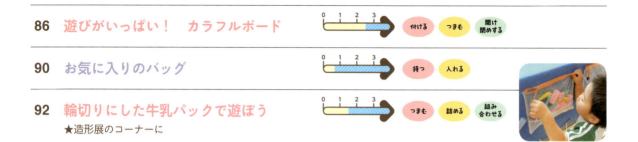

124	お気に入りの場所だよ！	ハイハイ　またぐ　歩く
126	お気に入りの場所だよ！　Part2 ★室内公園に大変身！ ★造形展でも大活躍	入る　ハイハイ　くぐる　またぐ
130	つい立てでつくる"遊びの場" ★バージョンアップして、いろいろな形に変えてみよう！ ★他の玩具と組み合わせても楽しいよ	やりとりする　付ける　入れる
134	お気に入りの引き出し ★遊びの環境を整えよう ★造形展のコーナーに（0歳児）	引き出す　入れる　見立てる
138	扉を開けたら…	開け閉めする　引き出す　見立てる
140	アレレ…？　映っているよ！	開け閉めする　見る　出し入れする
142	レンジでごっこ遊び	見立てる　開け閉めする　出し入れする
146	いらっしゃいませ～ ★遊びが広がる環境構成を ★一緒に遊ぶって楽しいな♪	見立てる　やりとりする
150	段ボールハウス	入る　つまむ　引っ張る　見る

素材と用具の使い方　153

● **身近にあるいろいろな素材と生かし方** ・・・・154
　段ボール、ペットボトル、牛乳パック、布、紙芯、
　台所用スポンジ、ワイヤーネット

● **いろいろな用具と使い方** ・・・・・・・・・・・・・157
　テープ、接着剤、結束バンド・ひも、カッターナイフ、
　穴をあける道具

手づくり玩具を楽しもう！

❓ どうして市販ではなく手づくり玩具？

身近な素材（いわゆる廃材、どこにでもあるようなモノ）そのものが玩具となり、そこから遊びが広がったり、身近な素材で保育者が作った玩具を使って遊び込んだり、そんな遊びの経験を積むことで、自ら遊びを見つけたり、遊びをつくり出したりする自主性が培われます。
市販の玩具で既製の遊びを提供するだけでなく、手づくり玩具を通し、子どもが自分なりのイメージをもって、自由な発想で遊びを展開できるような環境を整えましょう。このような手づくり玩具での遊びが、その後のいろいろな素材を使っての遊びや表現活動に結びつき、つくり出す喜びへとつながることを願っています。

✂ 子どもの成長を支えるモノとして

手づくり玩具は、いろいろな遊びができるため、探索活動や試行錯誤を繰り返し、自分なりの工夫や探究心が生まれる要素がたくさん含まれています。また、身の回りにある素材に触れ、体感しながら、いろいろなモノを経験することができます。

一人ひとりが、いろいろな掛け方を工夫しています。「ボタンに夢中！（P.22）」

くっ付く所と、くっ付かない所があるようです。「マグネットでくっ付くよ！（P.62）」

あれれ…せんせいのつくえにも、くっつくぞ！

同じ玩具でも、いろいろな遊び方を楽しんでいます。「コロコロ積み木（P.76）」

振る・音を楽しむ・見る

転がす

集める

並べる

積む

作るときのポイント

子どもの興味や関心、発達の実情に合わせて

生活の中での様子や、いたずらのように見える行為の中にも、手づくり玩具に結びつく遊びがたくさんあります。日頃の子どもの姿から楽しい遊びを読み取り、子どもの興味や関心、発達に合わせた玩具を作りましょう。

子どもの姿	手づくり玩具を使った環境づくり
段差や傾斜のある場所を見つけ、上ったり下りたりを繰り返している。 	なだらかなスロープを作り、保育室の中に置いて安全に遊べる環境をつくる。 →「なだらかなスロープで(P.122)」
オムツや着替えなどが入った引き出しに興味をもって…。引っ張り出して散らかしたり、手を詰めそうになったり。	段ボール箱や牛乳パックで引き出しを作り、中には子どもが興味をもって遊びを展開できる素材を入れておく。 →「お気に入りの引き出し(P.134)」
穴のあいたモノを見つけると、手や指を入れて確かめたり、モノを詰め込んだり…。 	ペットボトルに穴をあけた玩具を作り、穴に入れられる素材を用意し、繰り返し楽しめるようにする。 →「ペットボトルの穴にポットン！ギュッ！(P.44)」
狭い隙間に興味をもって、モノを入れたり押し込んだり…。 	スリット(細い穴)をあけた段ボール箱と丸い板を用意し、存分に入れて楽しめる環境をつくる。 →「スリットにシュッ！ストン！(P.40)」

「今の遊び」に対応

遊ぶ様子に応じて、玩具に修正を加えたり、発展させたり、作り直したりしながら、子どもの「今の遊び」に対応しましょう。

「つい立てでつくる"遊びの場"(P.130)」

囲われた空間が、落ち着く場所に。

5枚つないでみると、迷路のよう。遊びの場を増やしてみました。

4枚つないで扉を付けました。扉の開け閉めが楽しくて。

✂ 安全面、衛生面に配慮して

小さいサイズ 玩具を口に入れてしまうことがあるので、飲み込みやすいサイズのモノは注意して扱いましょう。

ゴムはしっかり結んで、ボタンを引っ張っても外れないようにしましょう。
「つまんでパッチン！（P.28）」

ホース　　　　　　　ボトルキャップ

口に入れて確かめる行為のある子どもがいる場合には、使用しません。誤飲には注意をし、保育者の目でしっかりと見守りましょう。
「ペットボトルの穴にポットン！ギュッ！（P.44）」

汚れ なめたり、よだれで汚れたりすることも考慮し、洗ったり拭いたりできる素材を使ったり、コーティングしたりするといいですね。

よだれが拭けるよう、ビニール素材を使っています。
「ゆらゆら…お水の中で揺れているよ！（P.114）」

段ボール板は、透明テープでコーティングしています。プラスチック製の段ボール板を使用してもいいですね。
「見て触って感じるおもしろマット（P.120）」

ペットボトルの切り口は、布テープで覆っています。
「ペットボトルの穴にポットン！ギュッ！（P.44）」

切り口

とがったモノは避け、角を丸くしたり、切り口にテープを貼ったりして、安全に使えるように工夫しましょう。

ワンポイント

保育者もワクワク楽しみながら

子どもの楽しそうな姿を思い浮かべ、保育者間で話し合うことで、保育への思いを共有し、保育者もワクワク楽しみながら作りましょう。保育者が楽しくないものは、子どもだって楽しくないですよね。

玩具を組み合わせたりアレンジしたりしてみよう

それぞれの手づくり玩具に遊びの実践を紹介していますが、共通のモノや内容があれば組み合わせて遊ぶこともできます。組み合わせたりアレンジしたりしながら、遊びの幅を広げていきましょう。

共通のモノ　スポンジを使って

スポンジを使っていろいろな遊びに展開することができます。一人ひとりの子どもの興味・関心や発達の様子に合わせ、組み合わせを考えてみましょう。どの子も興味をもって遊び込める環境が整いますね。

「遊びがいっぱい！ カラフルボード (P.86)」

「つい立てでつくる"遊びの場" (P.130)」

「あれれ…？ くっ付くぞ！ (P.26)」

「お気に入りのバッグ (P.90)」

「ペットボトルの穴にポットン！ ギュッ！ (P.44)」

共通の内容　ごっこ遊びに

ごっこ遊びという共通の内容で、玩具を組み合わせることができます。つい立て (P.146) などを使ってやりとりを楽しんだり、引き出し (P.134) をお店のコーナーに見立てたり、レンジ (P.142) を使って調理しているつもりになったり…。イメージがどんどん広がりますね。

「いらっしゃいませ〜 (P.146)」

「レンジでごっこ遊び (P.142)」

「お気に入りの引き出し (P.134)」

組み合わせると、より楽しくなるよ

穴に入れたり転がしたり…、組み合わせることでそれぞれの遊びに広がりが出てきます。

「穴にポットン、ポットン…（P.34）」

「なだらかなスロープで（P.122）」

ボールを転がす

穴に入れる

転がす

転がす

振って音を楽しむ

「ガチャガチャ…つながっているよ（P.104）」

「握ってガチャガチャ、コロコロ…（P.106）」

ワンポイント

手づくり玩具は、保育者の資質の向上に

- ✹ 作り手である保育者も、日頃の子どもの様子をよく観察してヒントを得るため、子どもを観る目が養われます。
- ✹ 子どもの反応を予測し、夢中になって遊ぶ姿を思い浮かべながら作ることで、子ども理解が深まり、子ども主体の受容的・応答的な関わりができるようになります。
- ✹ 保育者も身の回りにある素材に注目し、その良さを生かす工夫ができます。

第1章 手指を動かす

手を使ってモノの性質や特徴を感じ取り、試したり考えたりしながら、いろいろな事柄を学びます。手指の発達に合わせて、指先を繊細に操作することが楽しめる玩具を用意しましょう。

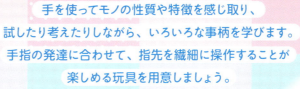

1章 手指を動かす

振る　握る　触る

おすすめの年齢: 0歳〜2歳（0歳児・1歳児・2歳児）

子どもの姿

身の回りにある様々なモノに興味をもち、触ったり、つかんだり、握ったり、振ったりして遊んでいます。その中で、様々なモノの性質を感じているようです。

振って…振って…布袋の中には？

材料：布

布で袋を作り、中にいろいろな素材を入れておきます。触って感触を確かめたり、振って音を楽しんだり…。

アピールポイント
握りやすく、子どもの手のサイズにピッタリ！

アピールポイント
布の柔らかさが気持ち良いよ！

導入

箱やカゴなどにいくつかまとめて入れ、子どもが手に取りやすい場所に置いておきましょう。まずは布袋を取り出すところから始まりますが、そのうちにそれぞれの違いに気付きます。音の鳴るモノなどは、保育者が鳴らしてみるのもいいでしょう。

作り方

布を2つに折り、中表で縫う → 口を折り返して縫う →

面ファスナーで留める場合：口の両側に面ファスナーを縫い付ける → 面ファスナー → 素材を入れる → 表に返す → 面ファスナーで留める

輪ゴムで留める場合：素材を入れる → 表に返す → 輪ゴム → 輪ゴムで留める

※汚れた場合には、中の素材を出して布袋を洗うことができます。
※子どもの興味・関心に合わせて、中の素材を入れ替えることができます。

夢中を支えるポイント

❊ 保育者も探究心をもって

保育者の材料研究や探究心が、子どもの夢中を支えます。どんな素材を入れたらおもしろいのか、子どもの喜ぶ姿や表情を思い浮かべながら、いろいろ試してみましょう。実際に触って試すことで、子どもの気持ちが分かってきます。布の生地による手触りの違いや、中に入れるモノによる感じ方の違いに着目してみましょう。

布袋の中に入れるモノ

押し笛、鈴、ビーズ、豆、ビー玉、ポリ袋、プチプチシート、緩衝材、スズランテープ、スポンジ、綿など音の鳴るモノや感触のおもしろいモノを入れます。

ビーズなど細かいモノ
ジッパー付きポリ袋に入れて

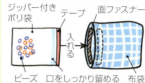

※ポリ袋から出てこないよう、ジッパーを閉め、口をテープで留めておきましょう。

ビー玉など転がるモノ
筒の中に入れて

※筒の中で転がったり動いたりする様子が、手から伝わってきます。

ガーゼ（洗いざらしたガーゼのハンカチ）

柔らか〜い

布地の生地

コットン、ガーゼ、サテン、サッカー地、ジャージ、フェルト、フリース、タオル地、オーガンジーなど、生地によって触ったときの感触が違います。

モコモコ、フワフワ…

ツルツル…

中が透けて見えるよ！

オーガンジー　フリース　サテン

サッカー地　コットン
ジャージ　ガーゼ　フェルト

色や柄も楽しいね

1章 手指を動かす
- 振る
- 握る
- 触る

❊ ゆったりとした気持ちで

カゴなどから布袋を取り出すだけでも楽しいものです。一人ひとりのペースに合わせ、ゆったりとした気持ちで寄り添いましょう。そして子どもの表情やしぐさから、どんなことを感じているのか探っていきましょう。

カゴの中のモノに興味津々です。まずは1つ、手に取って…。

大好きな保育者の膝の上で

材料　布

一緒に遊んでくれる安心できる保育者がいることで、子どもの心は安定し、穏やかな表情で遊び始めます。

保育者から離れ、自分で遊び始めました。

音の鳴るモノがお気に入り！両手に持ってフリフリ…。

袋の中には鳴き笛が入っています。指で押したときの感触と音が楽しくて、もう夢中です！

中に入っているモノに興味津々

中には空気で膨らんだポリ袋（緩衝材）が入っています。手のひら全体で感じ取っています。

カシャカシャ…
なにかはいってるぞ！

1章 手指を動かす

- 振る
- 握る
- 触る

トントン…

手のひらに袋を軽く打ち付けながら、中に入っているビーズの感触を楽しんでいます。

面ファスナーをビリビリ…。ついに袋を開けました！中に入っているモノに興味津々！

17

1章 手指を動かす　　引っ張る　つまむ

おすすめの年齢：0歳児／1歳児／2歳児

子どもの姿

小さいモノをつまんだり、穴に通したり、引っ張り出したり、手や指先を使った遊びを盛んに行なっています。友達と関わりながら楽しく遊ぶ姿も見られます。

材料：布・リボン

スルスル…シュ〜

小さい穴や網目に、布やリボンの先を通しておき、スルスル引っ張って遊びます。引っ張って抜けた布を、今度は穴に入れ、引っ張り合っても楽しいですね。

アピールポイント：引っ張って抜ける感触が楽しいよ

アピールポイント：保育者や友達と一緒に！

既製のカゴなどを使ってもいいですね。

導入

小さな穴や網目に布やリボンの先を通しておき、引っ張りたくなるような環境をつくって、遊び始めるのを待ちましょう。

作り方

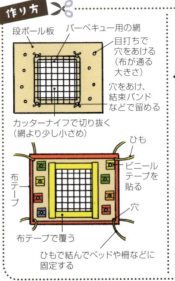

- 段ボール板
- バーベキュー用の網
- 目打ちで穴をあける（布が通る大きさ）
- 穴をあけ、結束バンドなどで留める
- カッターナイフで切り抜く（網より少し小さめ）
- ひも
- ビニールテープを貼る
- 布テープ
- 穴
- 布テープで覆う
- ひもで結んでベッドや柵などに固定する

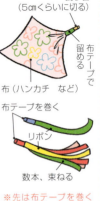

- 割り箸（5cmくらいに切る）
- 布テープで留める
- 布（ハンカチ など）
- 布テープを巻く
- リボン
- 数本、束ねる

※先は布テープを巻くだけでもいいですが、割り箸などに巻き付けると固くて持ちやすく、丈夫になります。

夢中を支えるポイント

スルスル…

❁保育者も探究心をもって
布やリボンの材質、穴の大きさなどによる抜け具合や感触を、事前に試しておきましょう。

❁子どもとのやりとりを楽しもう!
子どもの「あれ?」「おもしろい!」「みてみて!」などといった表情を受け止め、その思いを共有しながら、やりとりを楽しみましょう。

引っ張って抜くのが楽しいよ!

子どもの抜き取るリズムに合わせ、次々と布の先を通していきましょう。

(抜き取った布を)今度は穴に入れてみよっと!

引っ張って抜き取ります。子どもの思いに合わせ、抜き取る速さや抜き取り方を工夫し、応答的な関わりを心掛けましょう。

ぼくも一緒にやってみたいよ!

子ども同士でのやりとりを楽しめるよう、子どもと子どもの思いをつなぐような援助を心掛けましょう。

1章 手指を動かす
引っ張る
つまむ

19

1章 手指を動かす

剥がす　付ける

おすすめの年齢：0歳児〜2歳児

子どもの姿

靴の面ファスナーの着脱を楽しんでいます。自分で着脱することがうれしいだけでなく、剥がしたりくっ付けたりする行為も楽しんでいるようです。

材料：フェルト・面ファスナー

ビリビリ…ペッタン！

面ファスナーの付いたフェルトの束を、1枚ずつ剥がして遊びます。ビリビリ…剥がれるときの感触がおもしろく、剥がしたりくっ付けたりを繰り返し楽しみます。

アピールポイント：ペッタン！くっ付くよ！

アピールポイント：ビリビリ…剥がすのが楽しいよ

導入

面ファスナーの付いたボードは、柵やベッドにひもでくくり付け、数枚のフェルトを付けておきましょう。残りのフェルトは重ねてボードの前に置いておきます。

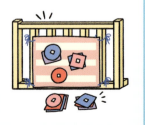

作り方

ボード

布に面ファスナーを縫い付け、接着剤で段ボール板に貼る

布を貼った段ボール板／ひも／面ファスナー

フェルト片

フェルト（厚さ2mm）／約10cm／面ファスナー（約2.5cm×2.5cm）／フェルトの両面に面ファスナーを縫い付ける

※フェルト…厚さ2mmで、ポリエステルの物を使用しています。丈夫で使いやすく、洗濯もOKです。
※面ファスナー…
・粘着テープ付きではなく、縫製用の面ファスナーを使用し、ミシンなどでしっかり縫い付けましょう。
・フェルトに付ける面ファスナーは、フックとループの機能を備えたフリーマジック（オス・メスのないタイプ）を使用します。
・ボードの布に縫い付ける面ファスナーは従来型でもOKです。オス・メスを問いません。

夢中を支えるポイント

✻ **子どもに寄り添い、子どもの夢中を探ろう！**

同じ玩具でも、子どもの興味や発達の様子などによって遊び方が違います。一人ひとりの子どもがどんなことに夢中になっているのかを探り、それぞれに合わせた関わりを心掛けましょう。

夢中になって遊んでいるときには、言葉を掛けず、そっと見守りましょう。

ボードに付いているフェルトに気付き、まずは剥がし始めました。全て剥がし終えると、今度は貼るのに夢中です。

部屋のコーナーにマットを敷き、落ち着いて遊べる空間をつくっています。

1枚ずつ剥がしたフェルトを床に並べています。並べ終えると、また集めて重ねていきました。

散らかしたフェルトは集めて重ね、満足できるまで、繰り返し楽しめるようにしましょう。

1章 手指を動かす

剥がす

付ける

1枚剥がしてはポイ！と投げ捨てていきました。もう、剥がすのに夢中です。

最後の1枚が難しくて…。剥がせたときには大満足！「もっとやりたい」という目で周りをキョロキョロ。

1章 手指を動かす

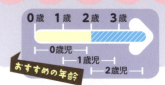

子どもの姿

指先の機能の発達に伴い、シール貼りに夢中になったり、ボタンやファスナーに興味をもって衣類の着脱を自分でしようとしたりする姿が見られます。

（ボタンを）掛ける

アピールポイント
ボタンを掛けるのが楽しいよ

アピールポイント
つないだり、組み合わせたり…

材料
ボタン・フェルト

ボタンに夢中！

フェルトにボタンを付け、穴をあけておきます。ボタンを掛けることに夢中になったり、長くつなげたり、形づくりを楽しんだり…いろいろな遊びに展開します。

導入

ボタンに興味のある子どもには、そばにそっと置くだけでも遊び始めますが、保育者がボタンを掛けて、見せてあげるのもいいでしょう。

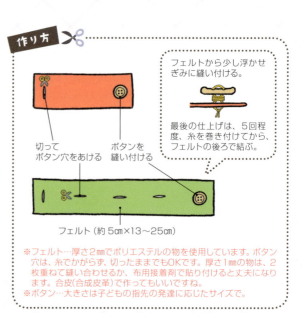

作り方

切ってボタン穴をあける
ボタンを縫い付ける

フェルトから少し浮かせぎみに縫い付ける。

最後の仕上げは、5回程度、糸を巻き付けてから、フェルトの後ろで結ぶ。

フェルト（約5cm×13〜25cm）

※フェルト…厚さ2mmでポリエステルの物を使用しています。ボタン穴は、糸でかがらず、切ったままでもOKです。厚さ1mmの物は、2枚重ねて縫い合わせるか、布用接着剤で貼り付けると丈夫になります。合皮（合成皮革）で作ってもいいですね。
※ボタン…大きさは子どもの指先の発達に応じたサイズで。

夢中を支えるポイント

✲ 子どもの夢中に寄り添おう

穴にボタンを通して掛けたときの「できた！」という感激から、繰り返し"ボタン掛け"を楽しみます。"ボタン掛け"に慣れてくると、長くつなぐことが楽しくなったり、組み合わせや形をつくることが楽しくなったり…様々な遊びに展開します。子どもたちが見つけた遊びに共感し、一人ひとりの夢中に寄り添いましょう。

ボタンを外すことに夢中です。
外した後は丁寧に並べています。

長さの違うフェルトを組み合わせ、構成を楽しんでいます。

1章 手指を動かす 〈ボタンを〉掛ける

あれれ…まるくなってきたよ

ボタンを掛けて、つなぐことに夢中です。

わたしのだいじ！

折り畳んでボタンを掛け、きれいに並べています。

色にこだわりをもって、ピンクを集めてから、掛けていきました。

ピンクがだいすき！

みてみて！こんなのできたよ！

こんなにながいよ！

折り畳んでボタンを掛け、それらを包むように巻いて掛けています。

自分の背丈より長くなったのがうれしくて。

材料 ボタン・フェルト

こんなのできたよ

友達と一緒に片付けています。ボタンを外してまとめようとする子、掛けたままで入れようとする子、互いの気持ちをくみながら、丁寧に入れています。きちんと箱に片付けようとする気持ちは同じですね。

もっと玩具を楽しもう！

造形展のコーナーに

日頃の活動の様子を伝えるために、写真とコメントを添えて展示しています。その場で手に取って見たり、作り変えたり、新しく作ってまた飾ったり…。作品を鑑賞するだけでなく、子どもが夢中になって遊ぶ姿を見てもらうことで、子ども理解を深めるきっかけとなります。

子どもたちの写真と活動内容のコメントを展示しています。

ボタンを掛ける指先の器用さだけでなく、我が子の集中する姿にびっくり！

ママ、みててね

遊んだ後の子どもたちの"だいじ"を置いておく場所になっています。個々の作品展示ではないので名札はつけず、自由に触ることができます。

箱にまとめて入れておき、保護者と一緒に遊べる環境をつくっています。

1章 手指を動かす
（ボタンを）掛ける

1章 手指を動かす

剥がす　付ける

おすすめの年齢

子どもの姿
探索活動が盛んで、身の回りのいろいろなモノに興味をもち、なんでも触って確かめます。その中でお気に入りの遊びを見つけると、繰り返し楽しむ姿も見られます。

材料：ナイロンたわし・スポンジ・フェルト

あれれ…？くっ付くぞ！

台所用スポンジや不織布のナイロンたわしを使って遊びます。フェルトやタオルなどの布にくっ付けたり外したり…。ふんわりとした優しい付け心地を楽しみます。

アピールポイント
くっ付くのが楽しいよ

アピールポイント
ふんわりと優しい付け心地！

導入
布にスポンジやナイロンたわしを付け、保育室の壁やロッカー、ベッドの柵など、子どもたちの目につきやすい所に取り付けておきます。子どもが気付いて手に取るのを待ちましょう。取ってみると付いていたことが分かります。外したり付けたりを繰り返し楽しめるよう環境を整えましょう。

作り方
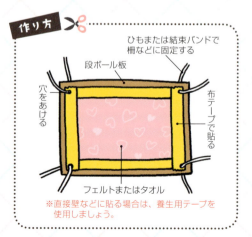

- ひもまたは結束バンドで柵などに固定する
- 段ボール板
- 穴をあける
- 布テープで貼る
- フェルトまたはタオル

※直接壁などに貼る場合は、養生用テープを使用しましょう。

26

夢中を支える Point ポイント

こっちもくっつくかなあ？

い〜っぱい、つけたよ！

✤ 保育者も探究心をもって

不織布のナイロンたわしは、フェルトやタオルなどの布にくっ付きやすいようです。タオル地でもいろいろなモノがあります。どのタイプが付きやすいのか、スポンジも付く布があるかなど、保育者も探究心をもって、いろいろ試してみましょう。

養生用テープで直接、壁にフェルトを貼っておきました。台所用スポンジの不織布面だけではなく、スポンジ面や側面も付いています。

✤ 形や色も楽しめるように

まずは、くっ付けることが楽しい活動ですが、徐々に色や形にこだわって構成的な遊びをする子も出てきます。丸、三角、四角などの形に切っておいたり、いろいろな色のモノを用意したりするのもいいでしょう。

不織布のナイロンたわし

台所用スポンジ

不織布面
スポンジ面

はさみやカッターナイフで簡単に切ることができます。

✤ 高さを変える

ぎりぎり手が届く場所も魅力的です。

✤ カゴなどにまとめて

スポンジやナイロンたわしは十分な量を用意しますが、床に散乱しないよう、カゴなどにまとめるようにしましょう。1人ずつ入れ物を用意し、持って運べるようにしてもいいですね。

✤ いろいろな遊びに展開

くっ付けて遊ぶだけではなく、色や形にこだわって集めたり、床に並べたり、入れ物に詰め込んだりといろいろな遊びに展開してもいいですね。子どもの興味・関心に合わせて、遊びの展開ができるような、緩やかな保育を心掛けましょう。

1章 手指を動かす

剥がす
付ける

1章　手指を動かす

引っ張る　つまむ

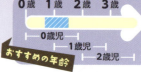
おすすめの年齢

子どもの姿

小さなモノに興味をもち、目ざとく見つけては、つまんで口に入れ確かめたり、手先や指を使ってモノを触り、探索活動をしたりする姿があります。

材料
ボタン・ビーズ・ゴム

つまんでパッチン！

ゴムに通したボタンやビーズを段ボール板にくくり付けておきます。指先で触ったり、引っ張って「パチン！」と音を鳴らしたり…。

アピールポイント
引っ張って離すと音が鳴るよ！

アピールポイント
小さくて、思わずつまみたくなるよ！

導入

床に置いておき、子どもたちが見つけて遊び始めるのを待ちます。また、柵や壁に取り付けておき、歩き始めた子どもたちが、自分から積極的に探索できるようにしてもいいでしょう。

作り方

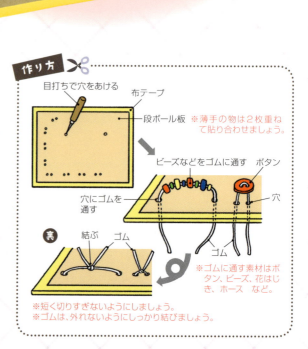

- 目打ちで穴をあける
- 布テープ
- 段ボール板　※薄手の物は2枚重ねて貼り合わせましょう。
- ビーズなどをゴムに通す
- ボタン
- 穴にゴムを通す
- 穴
- （裏）結ぶ　ゴム
- ゴム

※ゴムに通す素材はボタン、ビーズ、花はじき、ホース など。

※短く切りすぎないようにしましょう。
※ゴムは、外れないようにしっかり結びましょう。

夢中を支えるポイント

❈ ゆったりとした関わりを

やっと寝返りができ、うつぶせ姿勢の頃は、見ているだけでも刺激的です。子どもの様子に寄り添い、ゆったりとした関わりを心掛けましょう。

❈ 保育者も楽しむ心をもって

ゴムの強さや長さによって、引っ張ったときの手応えや音が変わります。また、どんなモノを付けておくかによって、子どもの興味のもちようが違います。子どもたちの「あれれ？」の表情を思い浮かべながら、保育者も玩具作りを楽しみましょう。

❈ 発達に合わせた環境を

高さを調整したり、床に置いたり、子どもの発達に合わせた環境を整えましょう。

床に置いて

腹ばいやお座りができる子どもたちに

縁に沿ってボタンを付けておくと、周りに子どもたちが集まって遊びやすくなります。また、よだれでいっぱいになることが予想されます。段ボール板をビニールフィルムや透明テープなどでコーティングしておくと、拭き取りやすいですね。プラスチック製の段ボール板もホームセンターなどで市販されています。

柵やベッドなどに固定して

お座りができる子どもや歩き始めた子どもたちに

ひもや結束バンドで柵やベッドなどに固定すると、遊びやすいですね。

1章　手指を動かす

引っ張る　　握る

おすすめの年齢：0歳　1歳　2歳　3歳
0歳児／1歳児／2歳児

子どもの姿

探索活動が盛んになり、何にでも興味をもって触ります。その中で、いろいろなモノの性質や仕組みを試しながら遊んでいます。

材料：ガチャポンケース・ひも

引っ張って…あれ？　動いたよ

握って引っ張ると、スルスル…と動きます。片方を引っ張るともう一方が動き、「あれ？　こっちも動いたよ？」

アピールポイント：1本のひもでつながっているよ

アピールポイント：握りやすく、思わず引っ張ってみたくなるよ

導入

柵やベッド、壁などに取り付けておき、子どもたちが興味をもって遊び始めるのを待ちましょう。保育者が振って、音を鳴らしてみてもいいですね。

作り方

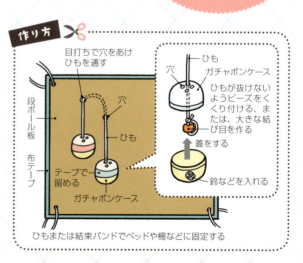

- 目打ちで穴をあけひもを通す
- 段ボール板
- 布テープ
- 穴
- ひも
- テープで留める
- ガチャポンケース
- ひも
- 穴
- ガチャポンケース
- ひもが抜けないようビーズをくくり付ける、または、大きな結び目を作る
- 蓋をする
- 鈴などを入れる

ひもまたは結束バンドでベッドや柵などに固定する

初めは透明容器に入ったビーズに興味津々。両手に容器を持って引っ張ると「あれれ？？」つながっていることに気付きました。

❋ 待つ保育

まずは引っ張って遊ぶことから始めますが、そのうち、片方を引っ張ればもう片方が動くことに気付きます。仕組みを教えるのではなく、子どもがそれに気付くのを、じっくり待ちましょう。保育者がゆったりとした気持ちで関わることで、子どもが夢中になって遊べる、落ち着いた心地良い空間ができてきます。

❋ 子どもの気持ちを受け止めよう

すてきなモノやおもしろい遊びを見つけた子どもは、大好きな先生に伝えたくて視線を保育者に向けます。「せんせい、みてみて！」の子どもの気持ちをしっかり受け止め、共感しましょう。

❋ 子ども同士で遊ぶきっかけをつくる

子ども同士、楽しさを共有しながら一緒に遊べるよう、保育者が子どもと子どもの気持ちをつなぐ役割を担うことも大切です。子ども同士で関わりながら遊ぶきっかけをつくってみましょう。

❋ 保育者も探究心をもって

保育者の材料研究や探究心が子どもの夢中を支えます。握りやすく思わず引っ張ってみたくなるようなモノ、音が鳴る工夫、丈夫さなどを考慮し、いろいろな素材で試してみましょう。

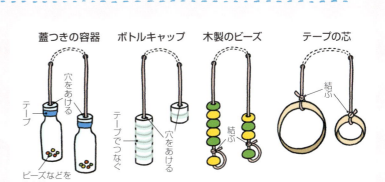

1章 手指を動かす
引っ張る
握る

31

1章　手指を動かす

引っ張る　握る

子どもの姿

探索活動が盛んで、いろいろなモノに興味をもって、触ったり握ったり…。その中で、モノの感触や特徴、仕組みなどを確かめているようです。

おすすめの年齢：0歳児〜2歳児（1歳児中心）

材料：スポンジ・ひも・段ボール箱

アピールポイント
ひもでつながっているよ

アピールポイント
握ると柔らかくて気持ち良いよ

引っ張って遊ぼう！

ひもの両端に同じ色のスポンジを付けて穴に通しています。片方を握って引っ張ると、もう一方もスルスル…と動きます。引っ張り合っても楽しいですね。

導入

保育室に置いておき、子どもたちが興味をもって遊び始めるのを待ちましょう。

作り方

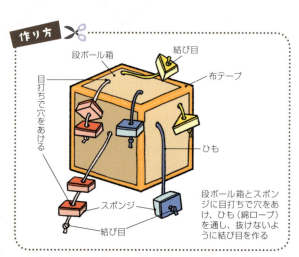

- 段ボール箱
- 結び目
- 目打ちで穴をあける
- 布テープ
- ひも
- スポンジ
- 結び目

段ボール箱とスポンジに目打ちで穴をあけ、ひも（綿ロープ）を通し、抜けないように結び目を作る

夢中を支えるポイント

みて みて！

引っ張ったときの感触が楽しくて、保育者に目で訴えています。それに応えて保育者も、こっそり反対側のスポンジを引っ張り返しました。

こっそり引っ張って

❋ 子どもの思いに寄り添って

子どもの思いを受け止め、言葉だけでなく、しぐさや表情、行為などで応答的に関わりましょう。保育者も一緒に遊ぶことで、楽しさを共有できるといいですね。

アレレ…。動いたねえ

❋ 子どもと子どもをつなぐ役割を

子ども同士で楽しさを共有し、やりとりをしながら一緒に遊べるような関わりを心掛けます。そばに寄り添い見守りながらも、タイミングよく関わり、一緒に遊ぶきっかけとなるような言葉を掛けてみましょう。

友達がスポンジを引っ張ると、自分の前にあるスポンジが動くのに気付きました。

2人で引っ張り合い！

1章 手指を動かす

引っ張る

掘る

33

1章 手指を動かす

握る　つまむ　入れる

おすすめの年齢：0歳児〜2歳児

子どもの姿

手や指先の発達とともに、モノをつかんだり、つまんだり、穴を見つけて入れたりといった遊びを盛んに行なう姿が見られるようになってきます。

材料：段ボール箱

アピールポイント：落とし込むのが楽しいよ

アピールポイント：繰り返し楽しめるよ

穴にポットン、ポットン…

穴に「ポットン！」と落ちる感覚を、繰り返し楽しみます。

導入

穴に入れて遊ぶモノ（容器やボール　など）は、まとめてカゴなどに入れ、段ボール箱のそばに置いておきます。まずは、子どもが遊び始めるのを待ちましょう。

作り方

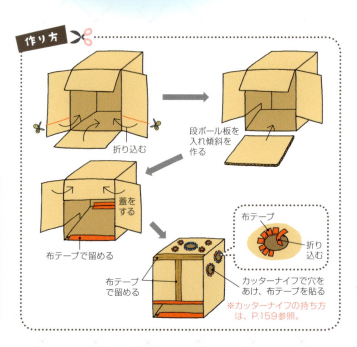

- 折り込む
- 段ボール板を入れ傾斜を作る
- 蓋をする
- 布テープで留める
- 布テープで留める
- 布テープ／折り込む
- カッターナイフで穴をあけ、布テープを貼る

※カッターナイフの持ち方は、P.159参照。

夢中を支える Point ポイント

❋ 穴の大きさや形を工夫しよう

ほんの少し大きさが違うだけでも、穴に入れるときの感触や感覚が異なります。保育者も実際に試しながら作り、その違いや楽しさを体感してみましょう。

穴の大きさ

- **簡単に入るサイズ（0〜1歳児）**
  …ポットン！ポットン！穴に落とす行為が楽しい子どもたちに

- **ギュ〜！と押さないと入らないサイズ（1〜2歳児）**
  …ちょっと難しいことにチャレンジしたい子どもたちに

- **小さくて入らないサイズもあると（1〜2歳児）**
  …どの穴に入るか試しながら、穴の大きさの違いを体感していきます

◀ ピッタリサイズが楽しくて ▶

ぎゅ〜！

簡単に入る大きな穴よりも、ギュッギュッと押し込む小さな穴がお気に入り！

容器の太さに合わせ、ピッタリサイズの穴をあけています。少し力を入れて、押し込むのに夢中です。

形に合わせて

- **「牛乳パックの積み木（P.74）」に合わせて、四角い穴をあけています。**

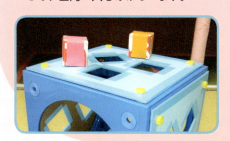

- **積み木の形に合わせ、2種類の穴をあけています。**

横に入れるのは、ちょっと難しいよ。

小さな穴を見つけて、縦にす〜っ！

1章 手指を動かす
握る／つまむ／入れる

35

✳ 段ボール箱の大きさや高さ

子どもたちの発達の様子や興味・関心に合わせ、段ボール箱の大きさや高さを考慮して作りましょう。

材料　段ボール箱

座って遊べる高さ（0歳児）

ハイハイやつかまり立ちで遊べる高さ（0歳児）

側面にも穴をあけておきます。

体ごと中に入って、中と外とでやりとりを楽しめるサイズ

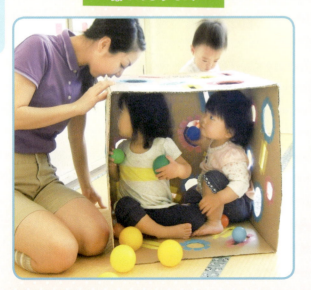

既製のボックスを利用して

既製のボックスに、穴をあけた段ボール板を貼っています。いろいろなバージョンの段ボール板を作っておき、穴に入れるモノに合わせて板を貼り替えて使うと便利ですね。

「牛乳パックの積み木（P.74）」

「ま〜るい板がいっぱい！（P.38）」

36

もっと玩具を楽しもう！

＋αの工夫をしよう！

この場にじっくり座って、繰り返し遊びを楽しみました。

ポトン！
コロコロ…

囲いの箱を付けて
転げ出たモノを受ける、囲いの箱を付けています。床にモノが散乱せず、箱の中にまとまりますね。

いろいろな組み合わせを楽しもう

段ボール板に穴をあけ、2つのボックスをつないで貼り合わせたり、つい立てに付けて立てたり、筒状のモノと組み合わせたり…、いろいろ工夫してみると楽しいですね。

段ボール板の向こうと手前で、穴に入れ合い、やりとりが楽しめます。

紙管を数本まとめて、段ボール板に貼っています。

穴をあけた段ボール板の筒を、結束バンドで、つい立てに取り付けています。

取り出し口は、半分蓋をし、ここからは入れないようにしています。

斜めに段ボール板を入れているので、穴に入れたモノが転がって出てきます。

ここはわたしのおきにいり！

穴に入れたモノは、ポトン！と下に落ちます。

透明のシートを貼っています。中に入ったり触ったりできないようにとの配慮ですが、落ちる様子を見ることができます。

段ボール板は縦目と横目にして、2～3枚重ねて貼り合わせると、丈夫になります。（P.154参照）

1章　手指を動かす

握る
つまむ
入れる

37

1章 手指を動かす　　集める　入れる

おすすめの年齢：0歳児・1歳児・2歳児

子どもの姿
様々な素材や玩具の中から、同じモノを集めたり、隙間を見つけては入れようとしたり…一人ひとりが自分なりにこだわりをもって夢中になって遊んでいます。

アピールポイント　箱に縦に入れられるよ

アピールポイント　いろいろな遊びに展開できるよ

ま～るい板がいっぱい！

材料　プラスチック製の段ボール板

プラスチック製の段ボール板を使い、丸い板状の玩具をたくさん作ります。集めたり、入れたり、見立てたり…他の玩具と組み合わせるといろいろな遊びに展開できます。

導入

箱にまとめておいたり、ウォールポケットに入れておいたり…。気付いた子どもがしぜんと遊び始めるような環境をつくっておきます。遊びの様子に合わせ、必要なモノを追加していくといいですね。

作り方

丸い板
- 直径8～10cm程度
- プラスチック製の段ボール板（厚さ3～4mm程度の物ははさみで切ることができます）

※滑らかな切り口になるように心掛けましょう。とがったときは、サンドペーパーなどで削りましょう。

箱
- 薄い空き箱
- 7cm程度
- 7cm程度
- 切り取る

上下で同じ高さの箱を2個作る（丸い板が少し出るくらいの高さ）

箱を合わせセロハンテープで留める
布テープ

2箱分（4個）を貼り合わせて、1つの箱にする

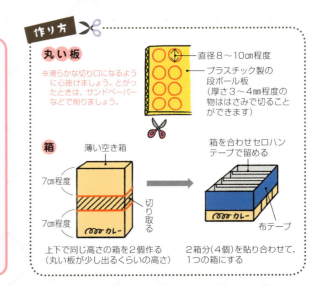

夢中を支えるポイント

✻ 子どもの興味・関心に合わせた遊びの計画を

日常の生活の中から、子どもたちの興味・関心のありかを探り、どんな遊びに展開できるか、保育者も"遊び心"をもって計画を立ててみましょう。集める、並べる、色別に分ける、穴に入れる、隙間に入れる、見立てて遊ぶなど、いろいろな遊びが予想されます。それぞれの遊びに合わせた手づくり玩具などを組み合わせましょう。

移し替える

箱から箱に移し替えています。抱えて持てる箱のサイズがちょうどいいですね。

穴に入れる

段ボール箱に細いスリット状の穴をあけておきました。

集めて詰める

縦に入れられるよう、箱の中には仕切りを作っておきました。

ウォールポケットを使って

丸い板を入れて壁に掛けておくと、気付いた子どもが取り出し始めました。出したり入れたりといった遊びを、自分で見つけられるよう配慮した環境構成です。

1章 手指を動かす
集める
入れる

1章　手指を動かす

入れる　差し込む

おすすめの年齢：0歳児・1歳児・2歳児

子どもの姿

狭い隙間やスリットに興味をもって遊ぶ姿が見られます。いろいろなモノの中から、その隙間に入るモノを試したり、押し込んだりしています。

材料：段ボール箱・段ボール板

スリットにシュッ！ストン！

丸い板（P.38参照）をスリット（細い穴）にシュッと差し込んだり、ストンと落とし込んだりして遊びます。

アピールポイント：細い穴が楽しいよ

アピールポイント：下から出てくるよ

導入

段ボール箱にあけたスリットに、丸い板を数枚、差し込んでおきます。子どもが丸い板に気付き、抜いたり差し込んだり、押し込んだりするのを待ちましょう。丸い板は十分な量を用意し、子どもが手に持てるサイズの箱にまとめ、そばに置いておきましょう。

作り方 ✂

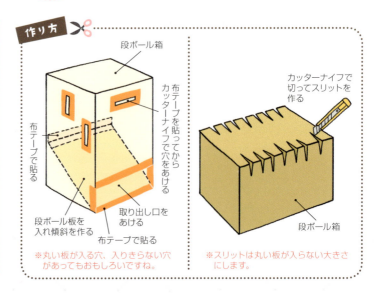

- 段ボール箱
- 布テープを貼ってからカッターナイフで穴をあける
- 布テープで貼る
- 段ボール板を入れ傾斜を作る
- 取り出し口をあける
- 布テープで貼る

※丸い板が入る穴、入りきらない穴があってもおもしろいですね。

- カッターナイフで切ってスリットを作る
- 段ボール箱

※スリットは丸い板が入らない大きさにします。

夢中を支える ポイント

❋ 板の形や材質は？

四角い板は角がつかえ、入れにくいようです。丸くて硬い素材がいいでしょう。スムーズにどんどん入れられるモノを用意しましょう。プラスチック製の段ボール板は丸く切るだけで使えるのでおすすめです。(P.38参照)

❋ 遊びの環境を整えよう

丸い板が床に散乱してくると、踏んで滑ったり、遊び方が乱雑になったりします。まとめて箱に入れ、必要としている子どものそばにそっと置きましょう。

「あれれ…。下からいっぱい出てきたぞ！」友達と一緒に遊んでいるうちに、下から出てくることに気付いたようです。

1章 手指を動かす

入れる / 差し込む

2人で向かい合って、夢中になって差し込んでいます。

41

1章　手指を動かす

握る　入れる　見る

おすすめの年齢：0歳〜2歳（0歳児・1歳児・2歳児）

子どもの姿

穴にモノを落とす遊びを繰り返し楽しんだり、転がるモノ、動くモノに興味をもって遊んだり…。探索活動の中で様々なモノの仕組みを感じて遊んでいます。

材料：ペットボトル・ワイヤーネット

ポットン、コロコロ…

アピールポイント
ポットン、コロコロ…。大好きな遊びが合体！

アピールポイント
透明なので、中の様子が見えるよ！

ペットボトルに穴をあけ、筒にしたモノを組み合わせています。穴に入れたり、転がしたり…。透明なので転がる様子などが見えて楽しいです。

導入

柵やベッド、壁などに取り付けておきましょう。ボールなど転がりやすいモノをカゴなどにまとめて入れ、そばに置いておきます。なかなか気付かない場合には、保育者がボールをそっと穴に入れ、子どもの気付きを促してもいいですね。

作り方

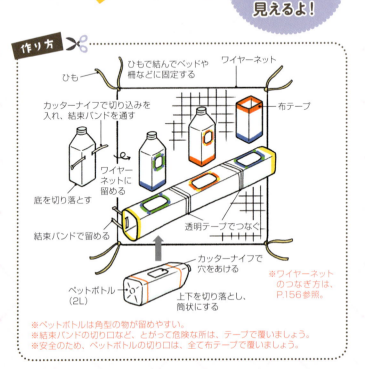

- ひもで結んでベッドや柵などに固定する
- ひも
- ワイヤーネット
- 布テープ
- カッターナイフで切り込みを入れ、結束バンドを通す
- ワイヤーネットに留める
- 底を切り落とす
- 結束バンドで留める
- 透明テープでつなぐ
- カッターナイフで穴をあける
- ペットボトル（2L）
- 上下を切り落とし、筒状にする

※ワイヤーネットのつなぎ方は、P.156参照。

※ペットボトルは角型の物が留めやすい。
※結束バンドの切り口など、とがって危険な所は、テープで覆いましょう。
※安全のため、ペットボトルの切り口は、全て布テープで覆いましょう。

夢中を支えるポイント

❋ 待つ保育？ それとも促す保育？

穴に入れたモノが、どのように転がって行くのか、子どもが気付くまで"待つ"というのが、関わり方の基本です。でも、なかなか遊びを見つけられない子どもには、保育者がやって見せるなど、活動を"促す"ような関わりも必要となってきます。どのような関わり方が良いのか、しっかり子どもの様子を見て考えましょう。保育者も迷ったり、ためらったり…。心を揺らしながら保育を楽しんでください。

1章 手指を動かす

握る
入れる
見る

❋ 子どもの気持ちを受け止めよう

子どもが目で追っている先を一緒に見たり、思いに共感したりすることで、子どもは寄り添ってくれている保育者を感じ、安定した気持ちで遊びを継続します。言葉だけでなく、しぐさや表情でも互いの気持ちは伝わります。

❋ 環境を整えよう!

ボールなどが床に広がり過ぎた場合には、カゴや箱などにまとめ、遊びの環境を整えましょう。

43

1章 手指を動かす

つまむ　入れる　集める

おすすめの年齢：0歳児・1歳児・2歳児

アピールポイント
穴に入れるのが楽しいよ

子どもの姿

穴を見つけると、手を入れて確かめたり、モノを詰め込んだりしています。様々なモノを触って探索する中で、大きさや材質の違いにも興味をもっています。

材料：ペットボトル

ペットボトルの穴にポットン！ギュッ！

アピールポイント
繰り返し楽しめるよ

ペットボトルの穴に「ポットン！」と落とす感覚を楽しんだり、「ギュッ！」と詰め込むことに夢中になったり。

導入

穴に入れるモノは箱などにまとめて入れ、穴のあいたペットボトルと一緒に、子どもたちの前に出してみましょう。自分で遊び始めるのを待ちますが、子どもの様子を見て、保育者が「ポットン！」と穴に入れて見せるのもいいでしょう。

作り方 ✂

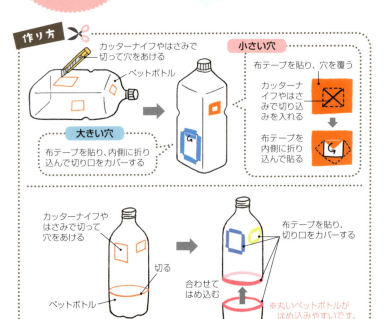

カッターナイフやはさみで切って穴をあける／ペットボトル

小さい穴
布テープを貼り、穴を覆う
カッターナイフやはさみで切り込みを入れる
布テープを内側に折り込んで貼る

大きい穴
布テープを貼り、内側に折り込んで切り口をカバーする

カッターナイフやはさみで切って穴をあける
切る／ペットボトル
布テープを貼り、切り口をカバーする
合わせてはめ込む

※丸いペットボトルがはめ込みやすいです。

夢中を支える ポイント

✱底を外すと…
底を外せば、中のモノを取り出すことができます。

✱子どもの夢中に寄り添って
穴に入れる活動に夢中になって遊んでいるときには、ことばがけは控え、子どもの気持ちにそっと寄り添いましょう。

✱穴の大きさ
入れるモノの大きさや材質の違いによって、穴の大きさを工夫しましょう。子どもの発達の様子や興味のありように合わせ、入れやすい大きめの穴やピッタリサイズの穴、入らない小さな穴などを作ってもいいでしょう。

✱十分な量の素材を
一人ひとりの子どもが遊び込めるよう、十分な量の素材を用意しましょう。量が少な過ぎると取り合いのけんかになることもあります。必要としている子どものそばに、そっと素材を追加するなど、夢中を支える援助を心掛けましょう。

1章 手指を動かす
つまむ　入れる　集める

✱穴に入れる素材
穴にポットンと落ちる感覚が楽しいモノ、ギュッと詰め込むのが楽しいモノなど、子どもたちの興味・関心に合わせた素材を工夫しましょう。

木の棒や箸ブロック

ボトルキャップ

ホースやチューブ

ストロー

スポンジ

緩衝材

1章　手指を動かす

引っ張る　つまむ　入れる

おすすめの年齢：0歳〜2歳児（1歳児中心）

子どもの姿

穴にモノを入れたり出したりすることが大好きです。また、お気に入りの遊びを見つけると、夢中になって繰り返し楽しむ姿が見られます。

材料：紙管

紙管の穴がいっぱい！

同じ長さの紙管をまとめて貼っています。穴にモノを入れたり、布を引っ張り出したり…。

アピールポイント
穴に入れたり出したり

アピールポイント
繰り返し楽しめるよ

導入

紙管の穴に布を詰め込み、端を少しだけ出しておきます。そっと子どものそばに置き、引っ張り出すのを待ちましょう。穴の中に入れるモノ（ホースや細い紙管など）は箱などにまとめて入れ、紙管と一緒に子どもの前に出してみましょう。

作り方

同じ長さの紙管をまとめて束にし、貼り合わせる
→貼る

少量の水で溶き延ばした木工用接着剤を、ハケや筆で塗り、布で巻く
布／巻く

※テープでしっかりと巻いてもいいでしょう。

※紙管はラップの芯など硬くて丈夫な物を使います。長い紙管を同サイズに切りそろえて使ってもいいでしょう。カッターナイフではなく、のこぎりを使うと切りやすいです。

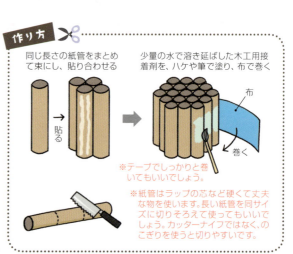

夢中を支えるポイント

❋ 布を引っ張り出す

紙管の中に布を入れておきましょう。布の端を少しだけ出しておくと、子どもは思わず引っ張り出したくなります。全て引っ張り出したら、また入れておきます。「入れて、入れて」の子どものサインを見逃さず、やりとりを楽しみながら、応答的に関わりましょう。そのうち子どもは自分でも詰め込み始め、入れたり出したりを楽しみます。布の材質もいろいろあると、感触の違いを感じながら遊ぶことができますね。

❋ 穴に入れる

ホースや細い紙管、ボトルキャップなどを穴に「ポトン、ポトン！」。1つの穴がいっぱいになっても、次々と他の穴に入れることができ、繰り返し楽しむことができます。また、持ち上げると、入れていたモノが一気に出てくるおもしろさも味わえますね。子どもの思いに共感し、寄り添いましょう。

❋ イスにもなるよ

遊び疲れた子どもが、紙管の上にちょこん！　と座って一休み。こんな予想外の活動も、かわいらしくて保育者を和ませてくれます。優しいまなざしで子どもを包み、保育室全体が柔らかな雰囲気になるよう心掛けましょう。

1章　手指を動かす

引っ張る　つまむ　入れる

47

1章　手指を動かす

つまむ　入れる　通す

おすすめの年齢

子どもの姿

つまんだり、入れたりといった指先を使った遊びが盛んです。また探索活動の中で、大きさの違いを感じたり試したりする行為も見られます。

材料　ホース・チューブ

チューブがいっぱい

いろいろな太さのホースやチューブを短く切っています。穴に「ポットン」と落とす行為を楽しんだり、容器類に入れてごっこ遊びを楽しんだり、細いチューブに太いチューブを通したり…、いろいろな遊びが楽しめます。

アピールポイント
容器に入れて、ごっこ遊びにも

アピールポイント
穴に入れたり、通したり…

導入

切ったチューブをまとめて箱などに入れ、穴をあけた段ボール箱やペットボトルのそばに置いておきます。まずは子どもが遊び始めるのを待ってみましょう。

作り方

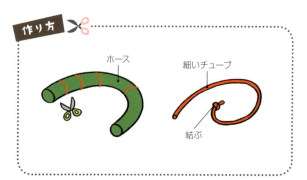

ホース　細いチューブ　結ぶ

夢中を支える Point ポイント

※ チューブはサイズや色別に分け、
　箱などにまとめて入れよう

床に散乱した場合には、箱に戻してまとめ、
落ち着いた雰囲気をつくります。

※ 子どもの興味・関心に合わせ、
　遊びの環境を整える

日頃の子どもの姿をもとに、楽しい遊びが展開できるよう、いろいろなモノとの組み合わせを工夫しましょう。

穴のあいたペットボトルに
（P.44「ペットボトルの穴にポットン！ギュッ！」参照）

はいるかなぁ

太いチューブが入る穴を探しています。

1章 手指を動かす

つまむ / 入れる / 通す

ポットン！

「ポットン！」と落ちる感覚がおもしろくて、繰り返し楽しんでいます。

いっぱい詰め込んで、ご満悦♪

穴のあいた段ボール箱に
（P.34「穴にポットン、ポットン…」参照）

ぎゅ〜！

ピッタリサイズの穴がお気に入り。穴の大きさとチューブの太さの違いを感じながら、それぞれにピッタリサイズの穴を選んで入れていきました。

チューブを通して

通したチューブを、段ボール箱の穴に入れようとしています。ちょっと難しいけれどチャレンジ！

新しい遊びを発見！

抜け落ちないように、細いチューブの先は、片方だけ結び目を作っておきました。

いっぱい通せたのがうれしくて♪

材料 ホース・チューブ

太さの違うチューブを組み合わせて遊んでいます。遊びの中で、大きさの違いを学んだ瞬間です。

透明の長いチューブに、細くて短い青いチューブを入れています。入っていく様子が透けて見えるので、1本ずつ確認しながら入れていきました。

容器や箱を使って

「わたしのだいじ！」

容器に1本ずつチューブを入れ、箱の中に、きちんとまとめています。

「おきにいりのあそび！」

並べたカップに、まずは太いチューブを入れ、次に細いチューブを差し込んでいきました。

1章 手指を動かす

- つまむ
- 入れる
- 渡す

✿ 保育者や友達と一緒に

思いに寄り添ってくれる保育者がいることで、心が安定し、友達と関わりながら一緒に遊ぶことができるようになります。

「せんせいもどうぞ」　「ありがとう」

保育者は、子どもから手渡されたカップを大事そうに優しく持っています。子どもの心を包み込むような、心の込もった"しぐさ"ですね。

カップにチューブを入れ、食べ物などに見立てて遊んでいます。

ごっこ遊びに展開 →

「いただきます」　「かんぱ〜い」

保育者は子どもたちが一緒に遊ぶきっかけをつくったり、心をつなぐ役割を担ったりしています。

1章 手指を動かす

つまむ　入れる　通す

おすすめの年齢: 0歳児／1歳児／2歳児

子どもの姿

身の回りの様々なモノに興味をもち、小さいモノもつまめるように。モノを引っ張り出して、穴に入れて…。繰り返し楽しみ、夢中になって遊んでいます。

材料：段ボール箱・紙管

アピールポイント　輪っかを通して遊べるよ！

アピールポイント　穴にポットン！入れると下から出てくるよ！

穴に入れたり、輪っかを通したり

穴にモノを入れたときの「ストン！」と落ちる感覚を楽しんだり、紙管に輪っかを通して遊んだり…。

導入

穴に入れたり紙管に通したりするモノをそばに置き、子どもが興味をもって遊び始めるのを待ちましょう。

作り方

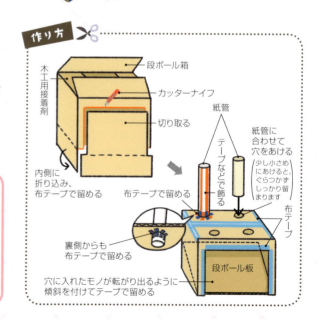

- 段ボール箱
- 木工用接着剤
- カッターナイフ
- 切り取る
- 内側に折り込み、布テープで留める
- 布テープで留める
- 紙管
- テープなどで飾る
- 紙管に合わせて穴をあける（少し小さめにあけると、ぐらつかずしっかり留まります）
- 布テープ
- 裏側からも布テープで留める
- 段ボール板
- 穴に入れたモノが転がり出るように傾斜を付けてテープで留める

夢中を支えるポイント

❋ 環境を整えよう

モノが床に広がり過ぎた場合には、種類別にカゴや箱などにまとめ、遊びが継続できるような環境を整えましょう。子どもが「片付け」だと感じないように、さりげなくまとめていきます。

興味をもった遊びを繰り返し楽しめるよう、必要なモノを活動に応じてそっとそばに置きましょう。モノを入れる引き出しや棚を用意しておいても楽しいですね。

❋ 身近な素材を使って

穴に入れるモノや紙管に通すモノを工夫しましょう。例えばこんなモノが作れます。

1章　手指を動かす

つまむ　入れる　通す

紙管に通すモノ

棒状に巻いたプチプチシートで、輪っかを作っています。

穴に入れるモノ

ボトルキャップを重ねてビニールテープで留めています。

プチプチシートを棒状に巻き、ビニールテープで留めています。

1章　手指を動かす

通す　並べる　集める

おすすめの年齢: 0歳 1歳 2歳 3歳
- 0歳児
- 1歳児
- 2歳児

子どもの姿

集める、並べる、積むなどの構成遊びを楽しんだり、穴に入れる、通すことに夢中になったり、一人ひとりの子どもが自分なりの遊びを見つけ楽しんでいます。

材料：ペーパー芯

輪っかがいっぱい

アピールポイント：いろいろな遊びが楽しめるよ

アピールポイント：いっぱいあるのがうれしいな

ペーパー芯や厚紙を使って、輪っかをたくさん作ります。いろいろな色をつけておくと楽しいですね。

テープの芯も集めておこう

布テープ・セロハンテープ・紙テープの芯　　ビニールテープの芯

導入

輪っかをカゴなどにまとめて入れ、紙管を立てた台と一緒に置いておき、子どもが遊び始めるのを待ちましょう。

作り方

輪っか

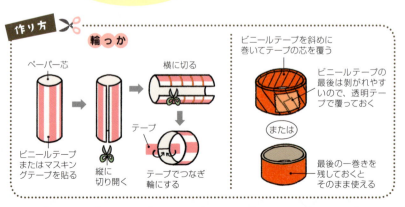

- ペーパー芯
- ビニールテープまたはマスキングテープを貼る
- 縦に切り開く
- 横に切る
- テープでつなぎ輪にする

ビニールテープを斜めに巻いてテープの芯を覆う
ビニールテープの最後は剥がれやすいので、透明テープで覆っておく

または

最後の一巻きを残しておくとそのまま使える

夢中を支える Point ポイント

✸ **いろいろな遊びを楽しもう**

輪っかを使って、いろいろな遊びが楽しめます。子どもたちの興味・関心のありかを探り、発達に応じた遊びを工夫しましょう。

紙管に通す

紙管を立てた台を用意しておきます。ストンと落ちる感覚や積み上がる様子がおもしろく、次々と通していきます。

作り方

紙管を立てた台

- 紙管（ラップの芯など）の太さに合わせて型を取り、カッターナイフで切り込みを入れる
- はさみで細かく切り、のりしろを作る
- 箱の蓋
- 差し込む
- 箱の高さ
- 接着剤を付けて貼る
- 接着剤を付けておく
- 上からテープを巻き、補強する
- 接着剤で箱の底面に貼る
- マスキングテープで飾る
- 蓋をする
- 箱の下部分
- 布テープで箱の上下を留める

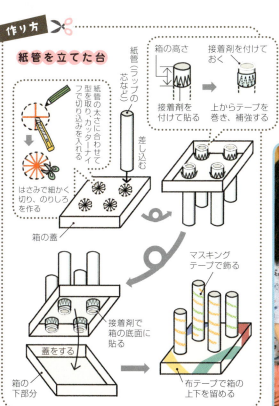

「い〜っぱい！」

「そ〜っと、そ〜っと、まとめてぬいちゃおうっと」

夢中になって通した後は、そっと持ち上げて抜いていきました。通したり、抜いたりの繰り返しです。

1章　手指を動かす

- 通す
- 並べる
- 集める

55

布を使って

ハンカチを広げ、その上に輪っかを集め、包んで運ぼうとしていました。

布の角を持って輪っかを通しています。抜けないので、たくさん通すことができます。

材料　ペーパー芯

いろいろな輪っか（テープの芯）と組み合わせて

集めたり、並べたり、積んだり、組み合わせたり、それぞれに自分なりの遊び方やこだわりが表れてきます。

大きな輪っかの中に、小さな輪っかをはめ込んで遊んでいます。

大きな輪っかを積み上げて、その中に小さな輪っかを入れていきました。

部屋の隅に並べています。

もっと玩具を楽しもう！

床に画用紙やテープを貼っておくと

保育室の床に画用紙やテープを貼り、いつもの部屋とはちょっと違う"遊びの場"をつくりました。部屋に入ってきた子どもたちは、目をキラリと輝かせ、さっそく輪っかを見つけて、遊び始めました。
（※テープは床を傷めないよう、養生用テープを使用しています。）

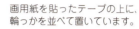

画用紙を貼ったテープの上に、輪っかを並べて置いています。

わたしは、ふちにならべるの♪

友達も加わって

ぼくは、なかにあつめるんだ〜♪

1章 手指を動かす
- 通す
- 並べる
- 集める

い〜っぱい！

床に貼った画用紙の上が、輪っかでいっぱいです。

同じ場所で、それぞれ違う遊びに夢中です

な〜らんだ、な〜らんだ♪

並べるのが楽しくて、テープの上にどんどん並べていきました。

画用紙からはみ出さないように、2人で工夫しながら、輪っかを置いています。

同じ場所で、同じ遊びを一緒に楽しんでいます

57

1章　手指を動かす

つまむ　掛ける　挟む

おすすめの年齢：0歳児／1歳児／2歳児

子どもの姿
生活の中で使っているモノや身の回りにある様々なモノに興味をもって遊んでいます。その中で、モノの仕組みや機能なども少しずつ理解し始めています。

アピールポイント
S字フックを引っ掛けて遊べるよ

アピールポイント
洗濯ばさみも挟めるよ

材料：ワイヤーネット

ワイヤーネットを組み合わせて

市販のワイヤーネットを組み合わせたケージです。洗濯ばさみを挟んだり、S字フックを引っ掛けたり…。いろいろな遊びに使えます。

導入
ワイヤーネットのケージに洗濯ばさみを挟んだり、S字フックをそっと引っ掛けたりと、保育者がやって見せてもいいでしょう。「あれれ…おもしろそう！　やってみたいな」と興味をもって始められるような、静かな環境をつくりましょう。

作り方

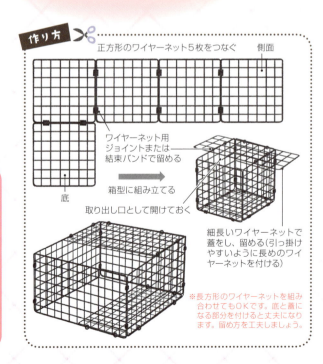

正方形のワイヤーネット5枚をつなぐ／側面／底／ワイヤーネット用ジョイントまたは結束バンドで留める／箱型に組み立てる／取り出し口として開けておく／細長いワイヤーネットで蓋をし、留める（引っ掛けやすいように長めのワイヤーネットを付ける）

※長方形のワイヤーネットを組み合わせてもOKです。底と蓋になる部分を付けると丈夫になります。留め方を工夫しましょう。

夢中を支えるポイント

✼ 発達に応じた遊びを

ケージを使って、いろいろな遊びが楽しめます。どんなモノと組み合わせると楽しくなるのか、子どもたちの興味・関心のありかを探り、発達に応じた遊びを工夫し、一人ひとりの"夢中"に合わせた援助の在り方を考えましょう。

洗濯ばさみを挟んで

いっぱいはさめて、たのしいな♪

S字フックを引っ掛けて

1つずつ、丁寧に引っ掛けていきました。

- 挟んだり引っ掛けたりする所がたくさんあるので、数人でケージを囲んで、一緒に遊ぶことができます。
- 洗濯ばさみやS字フックは、十分な数を用意しておきましょう。

1章 手指を動かす
つまむ
掛ける
挟む

59

洗濯ばさみで

挟むことに、もう夢中です！

長くつなぐのが楽しくて。

挟み方を工夫して、上に高くつないでいます。

ケージの中に落とし込んで遊ぶ子どももいます。取り出し口を作っておくと安心ですね。子どもと一緒に取り出して、繰り返し遊べるようにしましょう。

材料　ワイヤーネット

S字フックで

引っ掛けることが難しかった子どもも、できるようになると、夢中になってどんどん引っ掛けていきました。

2人で仲良く、並べて引っ掛けています。

保育者は子どものそばにフックを集めておくだけで、声を掛けず、そっと見守り続けました。

遊びを独り占めするのではなく、2人で思いを共有しながら、穏やかに遊んでいます。遊びの場が保障され、フックの数も十分に用意されていたからでしょう。

1章 手指を動かす

つまむ
掛ける
挟む

フックとフックを組み合わせて。

わたしは、あおをあつめているの♪

もっと、もっと！

1章 手指を動かす

付ける　集める　並べる

おすすめの年齢：0歳　1歳　2歳　3歳
0歳児／1歳児／2歳児

子どもの姿

保育者がマグネットを使い、ホワイトボードにお便りや写真などを貼る様子を興味津々で見ています。自分でもやりたくて"お手伝い"をねだることもあります。

材料：マグネット・ボトルキャップ

マグネットでくっ付くよ！

マグネットがくっ付くときの不思議な感触がおもしろく、まずは付けることに夢中ですが、集めたり並べたり、色にこだわったり…、と自分なりの遊びに展開していきます。

アピールポイント：**缶などにくっ付くよ！**

アピールポイント：**カラフルで楽しいよ**

導入

マグネットつきのボトルキャップは箱などにまとめて入れ、数個だけ缶に付けておきます。子どもが気付かない場合には保育者がそっと付けて見せるのもいいでしょう。

作り方

ボード

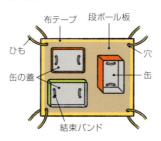

布テープ／段ボール板／ひも／穴／缶の蓋／缶／結束バンド

缶の内側から太いくぎを打って穴をあけ、段ボール板に結束バンドで留める

※くぎで打ち抜いた穴の外側はとがっています。段ボール面に貼り付け、けがのないよう注意しましょう。

マグネット①

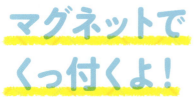

丸シール／ボトルキャップ／ティッシュ／マグネットをボトルキャップの中に貼る／丸シール／ビニールテープ

※丸めて詰めておくとマグネットが外れにくくなります。

マグネット②

マグネットをセロハンテープで貼り、その上からビニールテープを貼る

※外れないようにしっかり留めておきましょう。

スズランテープ／ビニールテープ／乳酸菌飲料のボトル

蓋に丸シールを貼る

62

夢中を支えるポイント

❋ 一人ひとりの子どもの"こだわり"に目を向けて！

子どもたちの夢中のありかに目を向けてみると、一人ひとりの"こだわり"が見えてきます。くっ付けることに夢中、並べることに夢中、色を分けることに夢中…、それぞれの思いに寄り添った援助を心掛けましょう。

1章 手指を動かす
- 付ける
- 集める
- 並べる

ピンクを探していることに気付いた友達が、持って来てくれました。

「ピンク、あったよ。どうぞ」

同じ色を集め、縁に沿って並べています。

どちらがくっ付くのか気付いたようです。シールの貼ってある方を確かめながら、付けていきました。

「くっつくの〜？」

段ボール板や木の柵にも、付くか試しています。

缶にだけ付くことが分かり、ぎっしり詰め込んだ後、側面にも付けていきました。

「ここにも、つくかなあ？つかないや…」

マグネットが反発し合うときの感触が、不思議で仕方がないようです。

「なんかへんだぞ？」

63

もっと玩具を楽しもう！

付くモノや場所を探してみよう

ホワイトボード、机や棚などスチール製の家具、ミルクやお菓子の缶など、マグネットが付くモノや場所を、保育者がまず探してみましょう。マグネットの強さや何に付けるかなどによって付き方が違います。

材料：マグネット・ボトルキャップ

ホワイトボードに

マグネットが付くときの感触が楽しくて、もう夢中です。

同じ色を集め、並べて付けていきました。

3色のマグネットシートを貼っておくと…

丸シールの貼っている方を確かめて。

マグネットシートの上に、色もそろえて付けていきました。

マグネットシートの周りに付けていきました。

ミルク缶に

「あれれ？くっつくぞ！」

缶の上にのせてみると…何だか置いたときの感触が不思議！

「こっちにもつけてみよう！」

側面にも付くことが分かったようです。

スチール製の机に

「あれれ…。せんせいのつくえにもくっつくぞ！」

「あ！ ついてる！」

机の上には置いただけのつもりでしたが、取ろうとしたときに、付いていることに気付きました。

1章 手指を動かす

付ける / 集める / 並べる

1章　手指を動かす

入れる　開け閉めする

おすすめの年齢

子どもの姿

モノをつまんで容器に入れたり、穴にひもを通したり、容器の蓋を開け閉めしたり…。手元をしっかり見て、両手先をうまく操作して遊ぶ姿が見られます。

材料　蓋つきの容器・ひも

蓋つきの容器で遊ぼう！

蓋と容器をひもでつないでいます。小さなペットボトルなど、子どもの手に持ちやすいサイズがいいでしょう。蓋の開け閉めを楽しんだり、中にモノを入れたりして遊びます。

アピールポイント　蓋の開け閉めが楽しいよ

アピールポイント　モノを入れたり出したりして遊ぼう

導入

容器に入れて遊べるモノを用意し、そばに蓋つきの容器をそっと置きます。遊ぶ様子に合わせて、お気に入りのモノや容器を補充していきましょう。

作り方

蓋
目打ちで穴をあけ、ひもを通し結んで留める
ペットボトルなどの容器

夢中を支えるポイント

❋ 子どもの思いに寄り添って

蓋の開け閉めだけでも楽しいものです。夢中になっているときには言葉を掛けずそっとそばで見守り、「みて！ みて！」と顔を上げたときには、その思いをしっかり受け止められるようにしましょう。また、「やってみたいけど、むずかしい…」といった子どもには手を添えて一緒にやってみるといいですね。

蓋の開け閉めに夢中です。

保育者と一緒に。

❋ 容器の中に入れる素材を工夫して

ストローや箸ブロック（割り箸を短く切った木片）、ドングリなど、中に入れるモノを工夫しましょう。振って音を確かめたり、出し入れを楽しんだり、詰め込むことに夢中になったり、いろいろな遊びに展開すると楽しいですね。

ストローと箸ブロックをアルミホイルで包んでおき、めくって取り出すところから始めました。

ストローと箸ブロックを入れて蓋をしています。同じ容器にどんどん入れていきました。

アルミホイルを丸めて詰め込んでいます。

ぎゅ〜

1章 手指を動かす
入れる
開け閉めする

1章 手指を動かす

開け閉めする　つなぐ

おすすめの年齢: 0歳 1歳 2歳 3歳
0歳児 / 1歳児 / 2歳児

子どもの姿
日常の生活や遊びの中で、指先を使った活動を盛んに行ない、手元をしっかり見て、いろいろな操作を楽しむ姿が見られます。

材料：ペットボトル・ひも

アピールポイント：いろいろなつなぎ方が楽しめるよ

アピールポイント：開け閉めを繰り返し楽しめるよ

キャップをネジネジ…

乳酸菌飲料の小さなペットボトルを、ひもつきのキャップでつなげて遊びます。キャップを閉める行為が楽しく、更につながっていくことで、いろいろな遊びに展開します。

導入
箱などにまとめて入れ、数人で箱を囲んで遊べるよう床に置いておきます。遊ぶ様子に合わせ、足りなくなったら補充しましょう。

作り方

- 乳酸菌飲料のボトル → 切る
- マスキングテープを貼る
- セロハンテープで留め、マスキングテープを貼る
- 目打ちで穴をあける
- ボトルキャップ
- 穴にひもを通す
- 抜けないように結び目を作る

夢中を支えるポイント

❋ 床に散乱しないよう、遊びの環境を整えよう

箱などにまとめて入れ、床に散乱したり、乱雑に扱ったりしないよう、遊びの環境を整えます。落ち着いた雰囲気づくりを心掛けることで、楽しさの質も深まります。

❋ 子どもの夢中に寄り添う

子どもが夢中になって遊んでいるときには言葉を掛けず、そっと見守り、「みてみて！」「できた！」などの表情や言葉には、その思いをくみ取った関わりができるようにしましょう。

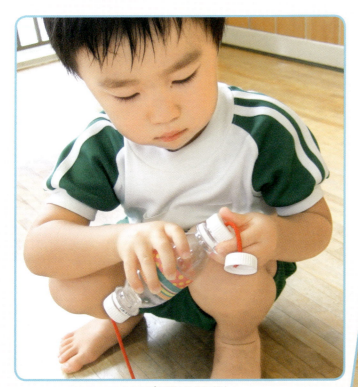

キャップを閉めるのに夢中！

つなげて長くなるのが楽しくて。

みて！みて！こんなにながくなったよ！

1章 手指を動かす　開けめる閉める　つなぐ

見立てて遊ぶ

材料
ペットボトル・ひも

双眼鏡に見立てて。

みえるよ！みえる

いってきま〜す♪

バッグに見立てて肩に掛けて、2人で仲良くお出掛けです。

ガタン、ゴトン、ガタン、ゴトン…

電車に見立てて遊んでいます。

場に関わって遊ぶ

タオルやカバンをフックに掛けるのが大好きな子どもたち。日頃の姿からヒントを得て、遊びの展開を予想して用意していました。

S字フックを見つけて、次々と掛けていきました。

70

友達と一緒に

わ～！ながいよ！ながいよ！

友達とつなぎ合わせることで、思いを共有し、一緒に遊ぶ楽しさを感じることができました。

おともだちとがったい！

身に着けるのが楽しくて

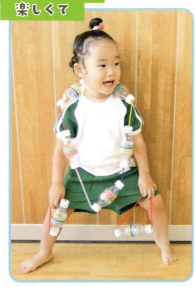

私のお気に入り！ もう、うれしくて、うれしくてたまりません。

じゃ～ん！かっこいいでしょ！

1章 手指を動かす
開けめする
つなぐ

1章 手指を動かす

つまむ　通す

おすすめの年齢　0歳　1歳　2歳　3歳
0歳児／1歳児／2歳児

子どもの姿

ボタンを掛けたりファスナーを開け閉めしたりしています。シールを貼ったり、モノをつまんで出し入れしたり、指先を使った遊びも盛んに行なわれます。

材料
クリアフォルダー・ストロー・リボン

アピールポイント　いろいろな通し方が楽しめるよ

アピールポイント　飾ってもきれい！

リボンを通して遊ぼう！

クリアフォルダーを切って形を作り、パンチで穴をあけておきます。ストローも短く切っておくと、一緒にリボンに通して遊べますね。

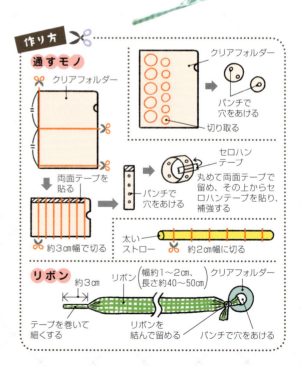

導入

材料を種類別に分けて箱などに入れ、興味をもった子どもが使えるように置いておきます。初めて遊ぶ場合には、保育者が子どもの前で通して見せ、遊び方や片付け方なども伝えるようにするといいでしょう。

作り方

通すモノ
クリアフォルダー
両面テープを貼る
約3cm幅で切る
パンチで穴をあける
切り取る
丸めて両面テープで留め、その上からセロハンテープを貼り、補強する
太いストロー　約2cm幅に切る

リボン
約3cm
テープを巻いて細くする
リボン（幅約1〜2cm、長さ約40〜50cm）
リボンを結んで留める
クリアフォルダー
パンチで穴をあける

夢中を支えるポイント

✽ 材料別に分けておこう

箱などに入れ、材料別に分けておくと乱雑にならず選びやすいですね。十分な量を用意しておきますが、一度にたくさん出すのではなく、足りなくなったら補充していきましょう。

輪にしたクリアフォルダー

リボン　　ストロー　　円形のクリアフォルダー

✽ 一人ひとりの"こだわり"を大切に!

通すという行為に夢中になるだけでなく、色や形を選んだり、通し方に自分なりの法則をつくったり、それぞれが"こだわり"をもって楽しむようになってきます。上手に通すことを求めるのではなく、子どもたちの楽しい"こだわり"に目を向けてみましょう。

指先をうまく使ってリボンを通しています。

✽ 飾って楽しもう

「できたよ!」という子どもの思いに共感し、部屋に飾っておくのもいいですね。子どもたちの"だいじ"なモノを大切に扱うことで信頼関係を築き、心の安定が次への意欲につながります。

わたしの"だいじ"

保育者と一緒に飾っています。

自分なりの"こだわり"をもって、通すモノを選んだり、通し方を工夫したり。

1章　手指を動かす　つまむ　通す

1章 手指を動かす

積む　集める　並べる　入れる

おすすめの年齢: 0歳児・1歳児・2歳児

子どもの姿

積んだり、並べたり、集めたりといった遊びに興味をもっています。また、色にこだわりをもって遊ぶ姿も見られます。音の鳴る玩具も大好きです。

材料　牛乳パック

牛乳パックの積み木

牛乳パックを切って立方体に組み合わせています。振って音を鳴らしたり、構成遊びを楽しんだり、色にこだわって集めたり…。

アピールポイント：振ると音が鳴るよ
アピールポイント：色も楽しめるよ

導入

箱などにまとめて入れておき、子どもの手の届く場所に置いておきましょう。子どもたちがどんな遊びをするのか、まずは待って見守ります。

作り方

牛乳パックを切る
中に鈴などを入れ、上下を折り畳み、立方体にする
横に倒す → 入れる → 底
布テープを貼る

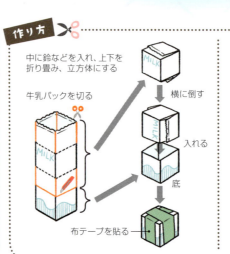

牛乳パックの底同士、2個を組み合わせても、簡単に作れます。

底　入れる

夢中を支えるポイント

❋ 発達に応じた環境を

牛乳パックの積み木を使っていろいろな遊びが楽しめます。ふだんの子どもの様子から興味・関心のありかを探り、一人ひとりの子どもの発達段階に応じた環境を整えましょう。

平らな箱に集めて、運んでいます。

そ〜っと

倒れないように慎重に積んでいます。

❋ 子ども同士の関わりを大切に

友達の遊びに興味をもってじっと見入ったり、同じ場所で同じ遊びをしている友達の存在に気付いたり…。ひとり遊びから友達との遊びに変わっていく瞬間ですね。取り合いになったりけんかになったりすることもありますが、保育者が子どもと子どもの気持ちをつなぐ役割を担うことで、一緒に楽しく遊ぶきっかけをつくってあげましょう。

これも、きこえるよ!

ほらほら! せんせい! おとが きこえるよ!

振ったら音が鳴ることに気付いた子どもたち。

段ボール箱の穴にポットン!

おもしろそう…

3人の子どもが、同じ遊びに興味をもって遊んでいます。

1章 手指を動かす

積む / 集める / 並べる / 入れる

75

1章　手指を動かす

見る　振る　積む　転がす

おすすめの年齢：0歳　1歳　2歳　3歳
0歳児／1歳児／2歳児

子どもの姿

音が鳴ったり動いたりする玩具が大好きです。また、積んだり並べたりといった遊びに興味をもち、友達と関わって遊ぶ姿も見られるようになりました。

材料：テープの芯・クリアフォルダー

コロコロ積み木

布テープの芯で作った転がる積み木です。芯の中にはいろいろなモノが入っており、積んだり並べたりするだけでなく、振って音を楽しんだり転がしたりして遊べます。

アピールポイント：中が透けて見えるよ！

アピールポイント：いろいろな遊びに展開できるよ

導入

箱などにまとめて入れ、自分で取って遊べるよう、子どもの前に出してあげましょう。保育者が積んだり転がしたりして見せることで、遊ぶきっかけをつくってもいいですね。

作り方

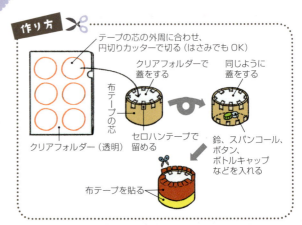

- テープの芯の外周に合わせ、円切りカッターで切る（はさみでもOK）
- クリアフォルダー（透明）
- 布テープの芯
- クリアフォルダーで蓋をする
- セロハンテープで留める
- 同じように蓋をする
- 鈴、スパンコール、ボタン、ボトルキャップなどを入れる
- 布テープを貼る

夢中を支えるポイント

いっしょに、ヨイショ！

✻ 芯の中に入れるモノを工夫しよう

いろいろなモノを入れ、音の違いに気付いたり、動く様子や素材のおもしろさを感じたりできるようにしましょう。

✻ 子どもと子どもをつなぐ役割を

取り合いになったり、遊びを独占したくてけんかになったりすることもあります。子ども同士で一緒に遊べるよう、それぞれの思いを受け止め、子どもと子どもの心をつなぐような関わりを心掛けましょう。

保育者が優しく言葉を掛け、そばに寄り添うことで、落ち着いた気持ちになって、遊びを共有しています。

✻ 子どもの興味・関心に合わせた遊びの展開を

遊びの展開に応じた環境を整え、一人ひとりの子どもの思いに寄り添った関わりを心掛けましょう。

中のモノを見る

中に入っているモノに興味津々です。振っては、じっと見入るといった行為を繰り返していました。

振って音を楽しむ

音を楽しむだけでなく、両手から伝わる振動も感じているようです。

フリフリ…

1章　手指を動かす

見る／振る／積む／転がす

材料: テープの芯・クリアフォルダー

並べたり積んだり

積んでは壊し、並べてはバラバラにし…。

高く積み上げられたことがうれしくて。

「これは、こわしちゃダメだよ！ だいじ！ だいじ！」

穴から見る

穴から向こうが見えることを発見！

「みえた！ みえた！」

子どもと目を合わせて、保育者もにっこり！

「せんせいが みえた！」

転がす

コロコロ…

傾斜のある所で転がしても、楽しいですね。

保育者がちょっといたずらをして、窓枠に置いてみると…。
手が届くギリギリの高さが大好きな子どもたち。もう夢中です！

場に関わる

棚の上や窓枠、部屋の片隅など、お気に入りの場所を見つけて遊びます。

ロッカーの上に並べ始めたので、置いていたモノはのけて、スペースをつくりました。

1章 手指を動かす

見る
振る
積む
転がす

79

1章 手指を動かす　　つまむ　開け閉めする

おすすめの年齢：0歳児／1歳児／2歳児

子どもの姿

ファスナーの開け閉めに興味をもち、夢中になって操作する姿が見られます。シールを貼ったり、ボタンを掛けたり、指先を使う活動も盛んです。

材料：ファスナー

ファスナーを開けたり、閉めたり

ファスナーを木工用接着剤で段ボール板に貼り付けています。開け閉めが十分に楽しめるよう、数本を並べて貼っておくといいですね。つまみやすいよう、リボンも付けています。

アピールポイント：繰り返し楽しめるよ

アピールポイント：貼り付けているので、開け閉めがしやすいよ

導入

柵などにひもでくくり付けておき、子どもが興味をもって遊び始めるのを待ちます。ひもを外し、床に置いてもいいでしょう。

作り方

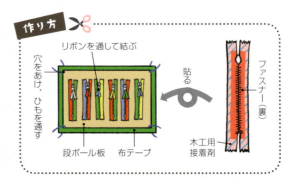

リボンを通して結ぶ／穴をあけ、ひもを通す／段ボール板／布テープ／貼る／ファスナー（裏）／木工用接着剤

80

夢中を支えるポイント

※ボードの高さやファスナーの貼り方を工夫して

座って落ち着いて遊べる高さや、立ったときの目線の高さ、少し手を伸ばさないと届かない高さなど、ボードの高さを調整しましょう。床に置いて遊ぶのもいいですね。子どもの様子に合わせた環境を整えましょう。

柵や壁に付けて

縦に

縦向きが、開けやすいようです。開け閉めが楽しくて、繰り返し遊んでいます。

横に

座ってじっくり、落ち着いて遊んでいます。ファスナーはボードに貼り付けてあるので、片手で開け閉めができます。

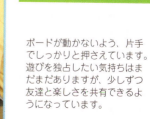

斜めに

力を入れる方向を考えながら、慎重に開けています。

床に置いて

ボードが動かないよう、片手でしっかりと押さえています。遊びを独占したい気持ちはまだまだありますが、少しずつ友達と楽しさを共有できるようになっています。

1章 手指を動かす
つまむ
開け閉めする

1章 手指を動かす

つまむ　入れる　開け閉めする

おすすめの年齢: 0歳 1歳 2歳 3歳／0歳児 1歳児 2歳児

子どもの姿

様々なモノを体験する中で、触って確かめたり、持って遊んだりするだけでなく、仕組みを考えたり、何かに見立てたりと、自分なりに遊びを広げ楽しんでいます。

材料：洗濯ネット・ペットボトル

洗濯ネットを使って

穴にモノを入れて遊ぶだけでなく、ファスナーの開け閉めを楽しんだり、カバンのように手に掛けて遊んだり…。いろいろな活動に展開できます。

アピールポイント：穴にポットン！入れるのが楽しいよ

アピールポイント：ファスナー付きのカバンみたい！

導入

ひもを付け、フックや柵などに引っ掛けます。穴に入れて遊べるモノも、箱などにまとめてそばに置いておきましょう。洗濯ネットの中に最初から、いくつか入れておきます。

作り方

- ペットボトル（2ℓ）
- 布テープで保護する
- 穴をあける
- 両面テープを貼る
- 洗濯ネット
- 布テープ
- ひもでフックや柵に引っ掛ける
- 両面テープで、洗濯ネットを貼り、その上から布テープで留める

夢中を支えるポイント

❋ 穴に入れて遊べるモノを工夫しよう

ペットボトルの側面にあけた穴と口の部分の2か所から入れることができます。スポンジ、箸ブロック（割り箸を短く切った木片）、ボトルキャップなど、穴に入れるモノを工夫しましょう。子どもが扱いやすいサイズの箱などに入れて、まとめておくといいですね。

穴にポットン！

❋ 子どもの気付きを大切に！

保育者がファスナーをそっと開けて見せるのもいいですが、できれば子どもが自分で気付き、開け閉めするのを待ってみましょう。

両手をうまく使って、ファスナーを閉めています。

細いモノを集めて、ペットボトルの口から入れています。

フックにひもを掛けたり外したりに夢中です。

縦のファスナーも開けやすいようです。

スポンジをいろいろな大きさに切っています。

❋ 遊びの環境を整えて

床に散乱しているモノを箱にまとめたり、開けっぱなしのファスナーをそっと閉めたり…。環境を整えることで、更に遊びが継続します。

1章 手指を動かす

つまむ / 入れる / 開け閉めする

見立てて遊ぶ

おでかけだよ〜

腕にしっかり通して、カバンのつもりです。

いぬの おさんぽ

犬に見立ててお散歩をしているつもりです。ときどき振り返って"犬"の様子を気遣う素振りも…。

材料
洗濯ネット・ペットボトル

友達と一緒に

友達と手をつなぎ、鼻歌をうたいながらお散歩です。

3人になると難しいぞ！真ん中の子が調整役です。

84

もっと玩具を楽しもう！

こんな環境構成も楽しいよ

段ボール箱を丸くして

落とさないように、ビニールシートを張っています。

段ボール箱に穴をあけ、S字フックの先を入れて、結束バンドで固定します。

養生用テープを使って、床に固定しています。

よいしょ！

ぎりぎり届く高さがお気に入りです。ネットから出したスポンジをのせていきました。

ロッカーに段ボール板を貼って

座って落ち着いて取り組める高さです。

1章 手指を動かす
つまむ
入れる
開けめる

85

1章　手指を動かす

付ける　つまむ　開け閉めする

おすすめの年齢：0歳　1歳　2歳　3歳
0歳児／1歳児／2歳児

子どもの姿

身の回りのいろいろなモノを触って遊び、感触を確かめたり、モノの特徴を知ったり、仕組みを考えたりする姿が見られます。

材料：面ファスナー・洗濯ばさみ・ナイロンたわし

遊びがいっぱい！カラフルボード

生活の中で使う身近なモノをボードに付けています。手指を使い、感じたり考えたりしながら、自分なりの遊びを展開します。

アピールポイント　手指を使った遊びがいっぱい！

アピールポイント　色や形も楽しいよ

導入

ナイロンたわしやカーラーは箱にまとめて入れ、ボードのそばに置いておきます。いくつかを付けたり挟んだりして、子どもが気付いて遊び始めるのを待ちましょう。

作り方

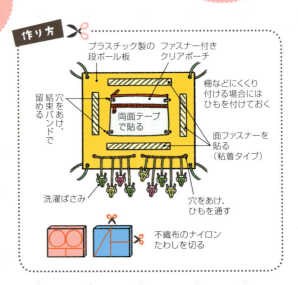

- プラスチック製の段ボール板
- ファスナー付きクリアポーチ
- 穴をあけ、結束バンドで留める
- 柵などにくくり付ける場合にはひもを付けておく
- 両面テープで貼る
- 面ファスナーを貼る（粘着タイプ）
- 洗濯ばさみ
- 穴をあけ、ひもを通す
- 不織布のナイロンたわしを切る

夢中を支えるポイント

❋ 遊びの環境を整えよう

ナイロンたわしやカーラーは十分な量を用意しますが、一度に全て出すのではなく、遊びの展開に応じて補充しましょう。床にモノが散乱しないよう、箱に入れてまとめます。子どもが持ち運びしやすい大きさの箱にしておくといいですね。

❋ 保育者も探究心をもって

面ファスナーの凸凹により、ナイロンたわしやカーラーの付き具合が異なります。付きやすいモノ、付きにくいモノを試してみましょう。

❋ 子どもの気付きを大切に

どんなことに夢中になっているのかを感じ取り、一人ひとりの遊びに応じた援助を心掛けましょう。

1章 手指を動かす
付ける／つまむ／開け閉めする

ポーチに入れる・出す

しまらないぞ。いれすぎちゃったなぁ

ファスナーを開ける・閉める

ここをつまむんだな！

援助していた保育者の手元を見て、端をつまむとスムーズに開け閉めできることを学んだようです。

面ファスナーに付ける

あ！くっつくよ！

洗濯ばさみで挟む

挟みやすい方向を考えながら、角度を調整しています。

材料：面ファスナー・洗濯ばさみ・ナイロンたわし

色や形を楽しみながら

三角を並べて。

この色の丸い形がお気に入り！

カーラーを集めて、ポーチに入れたり、面ファスナーに並べて貼ったり。

箱を使って

箱の中に入れて、持ち運んでいます。

きちんと、きちんと

整理整頓！　箱の中にきれいに詰め合わせています。

箱を洗濯ばさみで挟み、ぶら下げています。

くっ付くぞ

カーラーとナイロンたわしを組み合わせて。もう夢中です！

みてみて！
これも
くっつくよ！

カーラー同士がくっ付くことに気付いたようです。

あれれ…?
ついてくるよ？

いっぱい、くっ付けました。

1章 手指を動かす

- 付ける
- つまむ
- 開け閉めする

1章 手指を動かす

持つ **入れる**

おすすめの年齢: 0歳児〜2歳児

子どもの姿

袋やバッグを腕に掛けてお出掛けしているつもりになって遊ぶ姿が見られます。また、容器の中にモノを入れたり出したりするのも大好きです。

材料：ペットボトル・牛乳パック

お気に入りのバッグ

アピールポイント: 腕に掛けて遊べるよ

アピールポイント: 中にモノを入れるのも楽しいよ

ペットボトルや牛乳パックなどを切り、底の部分を使ってバッグを作ります。モールやひもなどで持ち手を付けると、腕に掛けて遊ぶこともできます。

導入

中に入れて遊べるモノと一緒に置いておきましょう。また、遊びの展開に応じて、いつでも子どもが自分で取って使えるよう、置き場所を決めておくのもいいですね。

作り方

- 牛乳パックや酒パック
- ペットボトル
- 切る
- スズランテープ（三つ編みにする）
- 穴に通して端を結んで留める
- 穴
- 布テープなどで切り口を覆う
- モール
- 穴
- モールの先はテープを巻いて覆う
- 穴に通してねじって留める

夢中を支える Point ポイント

❋ 遊びの展開に応じて、数の加減をしよう

1人につき1つといった個数ではなく、人数分より多めに作っておくといいですね。必要に応じて追加したり、多過ぎて邪魔になるときには減らしたり、遊ぶ様子を見ながら調整しましょう。

たくさん持ちたくて、腕にどんどん通していきました。

みてみて♪いっぱい！

スポンジをたくさん入れてうれしそうです。

いってきま～す♪

お気に入りの1つを大事に腕に掛け、お出掛けのつもりです。

1章 手指を動かす
持つ
入れる

❋ いつでも使える環境を

他の玩具と組み合わせて使えるよう、置き場所を決めておいたり、フックなどに引っ掛けておいたりすると、必要に応じて子どもが自分で取って遊べますね。

つい立てを利用し、S字フックに掛けています。中に入れて遊べる玩具も引き出しの中に入れています。

1章 手指を動かす

つまむ　詰める　組み合わせる

おすすめの年齢：0歳児／1歳児／2歳児

子どもの姿

積み木やボトルキャップ、容器類など、同じ形のモノを集め、並べたり組み合わせたりといった構成的な遊びを楽しんでいます。

材料：牛乳パック・洗濯ばさみ

輪切りにした牛乳パックで遊ぼう

牛乳パックを輪切りにして、たくさん用意します。洗濯ばさみで挟んでつないだり、組み合わせたりして遊びます。底の部分やその他の箱なども組み合わせるとおもしろくなりますね。

アピールポイント：いろいろな遊びが楽しめるよ

アピールポイント：洗濯ばさみと組み合わせると楽しいよ

導入

輪切りにした牛乳パックと洗濯ばさみをそれぞれ箱に入れ、遊びのスペースが確保できるよう、数か所に分けて床に置きましょう。

作り方

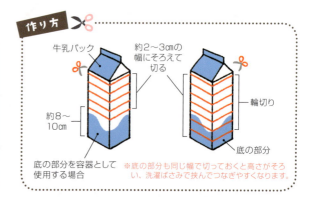

- 牛乳パック
- 約2〜3cmの幅にそろえて切る
- 約8〜10cm
- 輪切り
- 底の部分
- 底の部分を容器として使用する場合
- ※底の部分も同じ幅で切っておくと高さがそろい、洗濯ばさみで挟んでつなぎやすくなります。

夢中を支えるポイント

❋乱雑にならないような環境を

牛乳パックや洗濯ばさみが床に散乱してきたら、種類別に箱に入れて整理し、乱雑にならないよう、遊びの環境を整えましょう。

❋必要に応じて補充しよう

牛乳パックや洗濯ばさみは十分な量を用意しますが、一度に全て出すのではなく、子どもの遊ぶ様子に合わせて補充していきましょう。

❋一人ひとりの夢中に寄り添う関わりを

いろいろな遊びに展開します。一人ひとりがどんな遊びに夢中になっているのかをしっかり読み取り、直接的なことばがけだけでなく、必要なモノを必要な場所に補充するなど、子どもの遊びが深まったり広がったりするような援助を心掛けましょう。

1章 手指を動かす
- つまむ
- 詰める
- 組み合わせる

あれれ…まるくなってきたよ

輪切りの部分を洗濯ばさみでつないでいます。

輪切りの部分を集めて、ぎっしり詰めています。

洗濯ばさみを留めるのに夢中です。

トコトコ…あるいてるの

動物に見立てて遊んでいます。

並べてつなぐことが楽しくて。

93

> **箱も使って**

洗濯ばさみをまとめて入れていた箱も使って、遊び始めました。箱の高さが、切った牛乳パックとちょうど同じで、挟みやすかったようです。身の回りのモノ、何でも玩具になりますね。

牛乳パックの底や輪切り、箱を使って、集めたり、並べたり、挟んだり…。自分なりに工夫しながら遊んでいます。

箱と牛乳パックを組み合わせてつないでいます。

材料
牛乳パック・洗濯ばさみ

もっと玩具を楽しもう！

造形展のコーナーに

造形展当日も、作ったり作り変えたりできるよう、遊びのコーナーを用意しておきました。夢中になって遊ぶ姿やその行為のかわいらしさを、保護者にも感じてもらえるようにとの、保育者の思いが込もっています。作ったモノは大切に展示していきました。

個々の作品の鑑賞というよりも、全体としての取り組みの様子を伝えるために、作品には子どもの名前はつけずに展示しています。1人で作ったモノ、友達と一緒に作ったモノなど、子どもたちの夢中がいっぱいです。

保護者が見守る中、お姉ちゃんも一緒に遊んでいます。

第2章 体を動かす

運動機能の発達に応じた玩具を用意し、
探索や新たな挑戦ができる楽しい遊びの場をつくりましょう。
ダイナミックに体を動かしながら、
全身でモノや場、人を感じ取ります。

2章 体を動かす

引っ張る

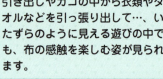

子どもの姿

引き出しやカゴの中から衣類やタオルなどを引っ張り出して…、いたずらのように見える遊びの中でも、布の感触を楽しむ姿が見られます。

おすすめの年齢: 0歳児・1歳児・2歳児

材料：布・紙管

クルクル…布を引っ張って

ラップの芯などの紙管に布をロール状に巻き付けておきます。布を引っ張ると、芯がクルクル回って、布がどんどん引き出されます。

アピールポイント：布の感触が気持ち良いよ

アピールポイント：引っ張り出すのが楽しいよ！

導入

布を巻いた紙管に棒を通し、壁や柵などに取り付けておきます。少しだけ布を出しておき、子どもが気付いて引っ張り出すのを待ちましょう。保育者が紙管を手に持って、一緒に遊ぶのもいいですね。

作り方

紙管（ラップの芯など）
木工用接着剤で貼る
布（長さ1〜2m）
スズランテープ
棒
紙管に布を巻き、端を少しだけ出しておく

夢中を支えるポイント

✽ 環境を整え、待つ保育を

自分で見つけて遊び始めたときの子どもの表情を見逃さず、その思いを受け止められるよう、しっかり心のアンテナを張った保育を心掛けます。また、「もっと、もっと！」の子どもの要求に応じて布を巻き直し、繰り返し遊べるよう環境を整えましょう。

クルクル回って布が出てくる様子に興味津々！

✽ 応答的な関わりを

保育者が紙管を手に持って、一緒に遊ぶのもいいですね。大好きな遊びを保育者と共有することで、より一層、信頼関係が深まります。子どもの思いに寄り添った、応答的な関わりを心掛けましょう。

子どもの思いに応えて、何度も繰り返し巻き直して遊びました。言葉のやりとりだけでなく、保育者の優しいまなざしが子どもの夢中を支えます。

クルクル…最後まで引っ張り出して。楽しさを保育者と共有しています。

2章 体を動かす　引っ張る

97

2章 体を動かす

引っ張る

0歳 1歳 2歳 3歳
0歳児 / 1歳児 / 2歳児
おすすめの年齢

子どもの姿

身の回りにあるモノ何にでも興味をもって遊び始めます。目の前にあるモノを触ってみたり、引っ張ってみたり…。好奇心も旺盛です。

アピールポイント
引っ張るのも楽しいね

アピールポイント
布の感触が気持ち良いよ

材料：布・ペットボトル

布がスルスル…

穴を通って布が「スルスル…」と抜ける感覚を楽しみます。

固定せず手に持って遊ぶのもいいですね

導入

保育室にあるベッドや柵に、布を通したペットボトルを付けておきます。子どもたちが気付くまで待ってみましょう。布を引っ張ったり、布の感触を楽しんだり、一人ひとりが自分のペースで遊び始めます。また、低月齢児には保育者が持って、一緒に遊ぶのもいいでしょう。

作り方

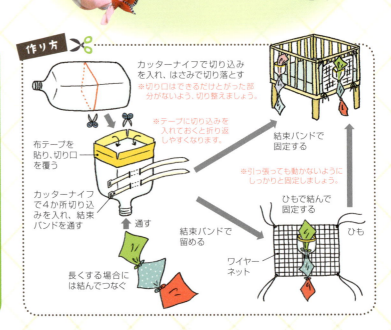

- カッターナイフで切り込みを入れ、はさみで切り落とす
  ※切り口はできるだけとがった部分がないよう、切り整えましょう。
- 布テープを貼り、切り口を覆う
- カッターナイフで4か所切り込みを入れ、結束バンドを通す
- 通す
- 長くする場合には結束でつなぐ
- 結束バンドで固定する
  ※テープに切り込みを入れておくと折り返しやすくなります。
  ※引っ張っても動かないようにしっかりと固定しましょう。
- ひもで結んで固定する
- 結束バンドで留める
- ワイヤーネット
- ひも

夢中を支えるポイント

手で触ったり、口に入れたりしながら、布の感触を確かめています。

❋ 布の質感

柔らかいガーゼ、綿のハンカチ、ツルツルしたサテンの布など、いろいろな感触があると楽しいですね。その中から、お気に入りのモノを見つけ出すかもしれません。

❋ 繰り返し遊べる環境を

子どもが布を引っ張り出した後は、また繰り返し遊べるよう、布を通しておきましょう。

❋ 一人ひとりに合わせた関わりを

1人で夢中になっているときは…

1人で夢中になって遊んでいるときには声は掛けず、そっとそばで見守りましょう。子どもの表情から、必要とされるタイミングで、声を掛けたり共感したりしましょう。

応答的に関わる

子どもの様子に合わせ、応答的に関わりながら、一緒に遊ぶのもいいですね。

保育者が引っ張る布を追い掛けて…。「あれれ…？」「まって、まって」

左右の手で布の両端を持ち、引っ張っています。左右の力加減で、布が動くのが不思議でたまらない様子です。

特定の保育者の下で、ゆったりと安心して遊んでいます。

低月齢児には…

低月齢児は膝の上に抱きかかえ、手に取りやすいようにするなど、安心できる環境をつくりましょう。

2章 体を動かす 引っ張る

2章：体を動かす

引っ張る　つまむ

おすすめの年齢
0歳　1歳　2歳　3歳
0歳児／1歳児／2歳児

子どもの姿

ハンカチなどを握ったり、振ったり、引っ張ったりしながら、布の感触を楽しんでいます。布を顔に当て「いないいない、ばあ〜」をするのも大好きです。

材料
布・ペットボトル

スルスル…
布を引っ張って

ペットボトルの口から布（オーガンジー）の端を出しておきます。スルスル…と引っ張ってみると、フワッとした布の感触が楽しめます。

アピールポイント
引っ張り出すのが楽しいよ！

アピールポイント
布の感触が気持ち良いよ

導入

子どもの目の前に置いたり、一人ひとりに優しく手渡したりしてみましょう。保育者が手に取って、そっと引っ張って見せるのもいいですね。

作り方

結ぶ　詰め込む
布（オーガンジー）50×50cm程度
布端はほつれないようミシンで縫う
ペットボトル

※角を結んでつなげた布（オーガンジー）をペットボトルの中に入れ、端を少しだけ出しておきます。薄くて透ける布は、たくさん詰め込むことができ、引っ張り出すときのスルスルとした感触も楽しいです。

夢中を支えるポイント

❋ まずは心の安定を第一に

子どもの表情やしぐさから、一人ひとりの思いを受け止めゆったりと関わっていくことで、受容してくれる人、安心できる人として、保育者に愛着を感じるようになってきます。まずは心の安定を第一に、安心できるモノと場を整え、落ち着いた環境をつくりましょう。

大好きな保育者を背中に感じながら、お気に入りの遊びに夢中です。

一緒に隠れて、大喜び！

透けて見えるので、かぶっても怖くなく安心です。

いない、いない～
ばあ～！

保育者の応答的な関わりが、2人の子どもの心をつないでいます。

2章 体を動かす
引っ張る
つまむ

❋ 一人ひとりの遊びに応じた関わりを

ペットボトルのサイズによって、入る布の量も違い、遊び方も変わってきます。小さいサイズは子どもが片手に持って遊べますが、大きいサイズは持ちにくいものです。まずは保育者が持って支えてあげましょう。また、引っ張り出すのに夢中になると、繰り返し楽しみます。「もっと、もっと」という子どものサインに応じて、布を詰めていきましょう。

ペットボトルを高く持ち上げ、下から子どもが布を引っ張れるようにしています。スルスル出てくる感覚に大喜び！ 全身で布の感触を楽しんでいます。

片手でしっかりペットボトルを持って、布を引っ張り出しています。

101

❋ いろいろな仕掛けを工夫しよう

引っ張り出すのが大好きな子どもたち。生地の特徴を生かし、いろいろな仕掛けを作っておくと楽しいですね。発達の様子や興味・関心に合わせ、仕掛けを工夫してみましょう。

材料：布・ペットボトル

ペーパー芯

ペットボトル（上部）

ペーパー芯に布を通しています。

布が抜けないように両端に丸めたプチプチシートを付けています。

ペットボトルを切って、上部のみを使っています。

ミルク缶

ミルク缶の蓋に穴をあけ、結んでつないだ布を入れておきます。

ミルク缶からスルスル…

ミルク缶から布の先が出ているのに興味津々！

引っ張り出すのに、もう夢中です。繰り返し楽しめるよう、出した布はまた詰めておきました。

布が出てくる様子に、目がくぎ付けです！ 保育者は布を引っ張り出しながら子どもの様子を見ています。

102

ペーパー芯の中でスルスル…

フリ、フリ…

まずは握ってフリフリ…。両端に付いている丸めたプチプチシートが重りになって楽しそう！

保育者がペーパー芯を持ってみると…、布をつかんで引っ張り、スルスル…と動くことに気付きました。

先生と一緒に

シュ〜

シュ〜

先生と引っ張り合い！ 楽しいな♪

1人でも夢中！

仕組みを確かめるようなしぐさをしながら、左右の手を持ち替え、繰り返し楽しんでいます。

2章 体を動かす

引っ張る
つまむ

2章：体を動かす

振る　見る　入れる　つかむ

おすすめの年齢：0歳児〜2歳児

子どもの姿

興味のあるモノをじっと目で追ったり、手に取って触ってみたり…。遊びたい気持ちがどんどん膨らんできています。

材料：ガチャポンケース・ネットまたは傘袋

ガチャガチャ…つながっているよ

アピールポイント　音も楽しいよ

アピールポイント　握りやすいよ

ビーズなど音の鳴るモノを入れたガチャポンケースの容器を、袋の中に入れ、結んでつないでいます。

導入

穏やかな雰囲気をつくり、子どもの様子を見ながら、そっとそばに置いたり、転がしたり、振って見せたり。優しい声や表情で応答的に関わっていきましょう。

作り方

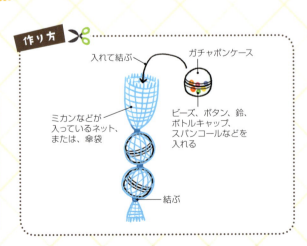

- 入れて結ぶ
- ガチャポンケース
- ミカンなどが入っているネット、または、傘袋
- ビーズ、ボタン、鈴、ボトルキャップ、スパンコールなどを入れる
- 結ぶ

夢中を支えるポイント

❋まずは心の安定を第一に

一人ひとりの思いを受け止め、優しい笑顔で寄り添ったり、穏やかな声で言葉を掛けたりしながら、ゆったりと関わることで、安心できる人、安全な場所として子どもは愛着を感じるようになってきます。まずは心の安定を第一に、落ち着いた環境を整えましょう。

保育者と一緒にフリフリ…

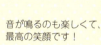

カチャカチャ…

音が鳴るのも楽しくて、最高の笑顔です！

❋子どもの興味・関心、発達の実情に合わせて

振って音を楽しんだり、転がしたり、穴に入れたり…、一人ひとりの子どもが自分なりの遊びを見つけ楽しめるような援助を心掛けましょう。

穴に入れるのがおもしろくて、何度も繰り返し楽しみました。

牛乳パックを合わせて作った箱の中に入れて集めています。ひとり遊びに夢中です。

あれれ。なにかはいってるぞ！

中に入っているモノに興味津々です。

2章 体を動かす

- 振る
- 見る
- 入れる
- つかむ

105

2章 体を動かす

振る　握る　見る　転がす

おすすめの年齢：0歳　1歳　2歳　3歳
0歳児／1歳児／2歳児

子どもの姿

身の回りの様々なモノに興味をもって、見たり触ったり追い掛けたりしています。つかんだり握ったり大きく振ったり。音の鳴る玩具にも興味津々。

材料：ペットボトル

アピールポイント
握りやすく、子どもの手のサイズにピッタリ！

アピールポイント
中に入れているモノが見えて楽しいよ！

 握ってガチャガチャ、コロコロ…

透明容器を2つ使い、口の部分をつないでいます。中のモノがあっちに行ったりこっちに来たり…。

導入

子どものそばにそっと置いたり、子どものいる方向に転がしたりしてみましょう。どんな表情をして玩具に向かうのか優しく見守り、子どもの思いに共感しましょう。

作り方

口のサイズに合わせて、ボール紙を丸める → 差す → ボール紙　口の周りにプラスチック用接着剤を付ける　ビーズなどを入れる → ビニールテープを巻く

夢中を支えるポイント

✴︎ 子どもの興味のありかを探ろう

どんなことに興味をもって遊んでいるのか、子どもの様子をよく観察し、一人ひとりの思いに寄り添った関わりを心掛けましょう。

キラキラ光るスパンコールに興味津々！

ビー玉がたくさん入った大きめのボトルがお気に入り！

子どもの様子

＊容器の中の素材に興味をもって見る
＊握って、振って、音を楽しむ
＊容器を動かし、下に落ちる様子や手から伝わる感触を楽しむ
＊転がして遊ぶ　など

2章 体を動かす
振る / 握る / 見る / 転がす

✴︎ 保育者も探究心をもって

保育者の材料研究や探究心が、子どもの夢中を支えます。いろいろな素材を試し、子どもたちが興味をもって遊べるモノを探ってみましょう。素材選びのポイントは、美しさ、音、動き、重さ、感触などです。同じモノでも、入れる量によって音や感触が異なります。

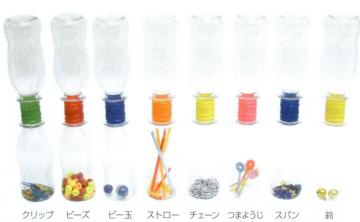

クリップ　ビーズ　ビー玉　ストロー　チェーン　つまようじピック　スパンコール　鈴

2章：体を動かす

見る　握る　振る　転がす

おすすめの年齢：0歳児〜2歳児

子どもの姿

動くモノがあれば、その様子をじっと目で追って観察したり、自分で動かしたり、その中で何かを発見したり。自分なりのペースでモノに関わっています。

材料：ペットボトル

キラキラ、ゆらゆら…きれいだなぁ

アピールポイント：**中の様子が透けて見えるよ**

アピールポイント：**握って振ったり、転がしたり**

手に持って振ったり、転がしたり、じっと見つめたり…。ペットボトルの中で、水と一緒に揺れる素材が涼しげですね。

導入

保育者がペットボトルを持ち、そっと揺らして子どもの前に置いてみましょう。ペットボトルの中でモノが揺れる様子に子どもが興味をもったら、共感して子どもの思いを受け止めましょう。

作り方

入れる：スパンコールなど　→　水または、水＋水のり　→　口に接着剤を付け、しっかり蓋をする　→　ビニールテープを巻いて留める　→　上からマスキングテープを巻いて飾る

※気付かないうちに、子どもがビニールテープを剥がしてしまうことがあります。マスキングテープを重ねて貼ると、剥がしにくくなります。いろいろな柄の物もあるので、見た目にもかわいいですね。

夢中を支えるポイント

❋保育者も探究心をもって

見た目に楽しげだったり美しかったり、落ちていく様子がおもしろかったり、音が鳴ったり…。事前にいろいろな素材を試して、子どもたちが興味をもって遊べるモノを探ってみましょう。保育者の材料研究や探究心が、子どもの夢中を支えます。

約500mlのペットボトルを使って

▶植物用保水剤（観葉保水ゼリー）

振ったり逆さまにしたりすると、ゆっくり水の中で動きます。透明感があって見た目にも涼しげですね。

▶デコレーションモール・スパンコール

水の中でキラキラ光ってきれいです。落ちる速度が違ったり、モールに絡みながら落ちたりする様子がおもしろいです。

▼クリアフォルダー・ビーズ・ガラス玉

クリアフォルダーに油性フェルトペンで金魚を描き、切り取りました。ビーズやガラス玉と一緒に入れると水槽のような感じになりますね。コロコロ転がして遊ぶと、ガラガラ…音も鳴って楽しいです。

「あっ きんぎょだ！」

◀アルミホイル

丸めたアルミホイルは水に浮かび、切ったアルミホイルはヒラヒラと下に沈んでいきます。同じ素材でも違う動きをするのがおもしろいですね。

2章 体を動かす
- 見る
- 握る
- 振る
- 転がす

約100mlの容器を使って

▼水のり・スパンコール

水と水のりを半分ずつ入れています。振って遊ぶと、中のスパンコールがゆっくりと動きます。細かい泡が立つので、幻想的で不思議なイメージです。

◀チェーンリング

0歳児も手に握り、振って遊べるようにと、約100mlの小さな容器を使いました。少量の水とチェーンリングを入れたことで、水とチェーンリングの2つの音が楽しめます。

バシャバシャ ガラガラ

2章 体を動かす

見る　振る　転がす

おすすめの年齢：0歳児・1歳児・2歳児

子どもの姿

太陽をまぶしく感じたり、光のさし込む様子に興味をもったり、動く影を不思議そうに見たり…。生活の中で、光や影の存在に気付くしぐさや様子が見られます。

材料：ペットボトル・油性フェルトペン

光を通すと きれいだよ

ペットボトルの底を切って中に小さいペットボトルを入れています。中のペットボトルには色を塗ったり模様を描いたりしているので、光を通すときれいです。

アピールポイント　振ると音が鳴るよ

アピールポイント　光を通すときれい！

導入

太陽の光がさし込む場所に置いておきます。白い紙を敷いた上に置くと、より鮮明に色や形が映ってきれいです。

作り方

小さい（細い）ペットボトル：油性ペンで着色、ビー玉、長い場合には、高さを合わせて切る

大きい（太い）ペットボトル：中に入れる、切る、セロハンテープで留める

夢中を支えるポイント

❋ 子どもの興味・関心に寄り添った援助を心掛けよう

子どもは様々な事象に興味・関心をもちます。子ども一人ひとりの目が何に向いているのか、どのようなことを感じているのか、しっかり読み取り、子どもの気付きや発見を大切にした関わりを心掛けましょう。

手に持って振ったり、打ち鳴らしたりでなく、中のモノが動く感触も楽しんでいます。音だけ

なんだかきれい！

光がさしてきれいに見えたので、思わず手に取って見入っています。

❋ 気付きを促す環境づくりを

光のさす窓際や床に、そっと置いておくことで、光の存在に気付くきっかけとなります。言葉で気付きを促すのではなく、子どもが自分で気付いたり発見したりできる環境を工夫しましょう。床に白い紙を貼っておくと気付きやすくなりますね。

あれれ…！なんだろう？

ここはわたしのあそぶ"ばしょ"

白い紙が貼ってある所は、特別な"場所"として捉えて遊んでいますが、映る様子には、まだ気付いていません。

あれれ？なんだか、ふしぎ！

友達が置いたペットボトルを見て、映る影や色に気付いたようです。

ペットボトルの影や色が映っている様子に興味津々！ 2人の体の動きがピタッと止まりました。

2章 体を動かす
- 見る
- 振る
- 転がす

白い紙の上で

材料: ペットボトル・油性フェルトペン

だいじ、だいじ！きれいでしょ！

立てたペットボトルが転げないように、そっと手を離していきました。

な〜らんだ♪ な〜らんだ♪

映る様子に興味をもって、白い紙の上にペットボトルを並べていきました。

パチパチ…

手をたたいて、喜んでいます。ご満悦！

あれれ？
ふしぎだな

コロコロ転がして…

コロコロ…

ペットボトルを転がすと、影や色も一緒に動くことが、不思議で仕方がないようです。

何度も試すうちに、両手を使って左右に転がし、動く様子をしっかり観察しています。

2章 体を動かす

見る
振る
転がす

きれい！

電気の光に当てて

保育者が何げなく電気に向けて透かして見たことをきっかけに、まねをして遊び始めました。

2章: 体を動かす

触る　見る

おすすめの年齢: 0歳 1歳 2歳 3歳（0歳児・1歳児・2歳児）

子どもの姿
プールに入ったり、水でチャプチャプしたり、モノを浮かべたり…。夏ならではの大好きな水遊びを楽しんでいる姿が見られます。

アピールポイント
お水がユラユラ揺れて楽しいよ！

アピールポイント
中に入っているモノが見えるよ！

材料｜圧縮袋・水

ゆらゆら…お水の中で揺れているよ！

布団圧縮袋の中に、水と一緒にいろいろな素材を入れ密封しておきます。袋をバシャバシャたたいたり、水の中で揺れるモノに興味をもったり…。

導入
床に置いておき、子どもたちが興味をもって触り始めるのを待ちましょう。どんな表情をして玩具に向かうのか優しく見守り、子どもの思いを受け止め共感しましょう。

作り方

- ジッパー付きポリ袋
- 植物用保水剤 など
- スーパーボール など
- デコレーションモール
- 水を入れる
- ジッパーを閉める
- ジッパー
- 布団圧縮袋（※吸引バルブの付いていない物）
- 透明テープまたは布テープで留める
- 水

※できるだけ空気を抜いてからジッパーを閉め、布テープなどを貼ってしっかり留めておきましょう。
※室内で使用する場合には、圧縮袋を2枚重ねにすると安心です。
※水を入れ過ぎると、子どもが上に乗ったとき、ジッパーが外れたり袋が裂けたりする場合があります。

夢中を支えるポイント

❋ 保育者も探究心をもって

保育者の材料研究や探究心が子どもの夢中を支えます。水との相性も考えながら、どんな素材を入れたらおもしろいのか、いろいろ試してみましょう。割れやすいモノ、角張ったモノ、とがったモノなどは避け、子どもが上に乗ったりたたいたりしても大丈夫なモノにしましょう。

中に入れるモノ
プチプチシート、お菓子の袋、デコレーションモール、スーパーボール、スライム、寒天、冷やした保冷剤、氷、植物用保水剤（ジッパー付きポリ袋に入れておく）、スポンジ、魚形のしょうゆ容器（中に色水を入れておく）、押し笛（ジッパー付きポリ袋に入れておく）など

❋ ゆったりとした関わりを

布団圧縮袋の中に入っているモノに興味をもち、触ろうとして袋に手を掛けた瞬間に、中の水がユラユラ動きます。その水の動きに興味をもったり、揺れるモノを触ろうとしたり、パシャパシャたたいてみたり…。一人ひとりの子どもの様子に寄り添い、ゆったりとした関わりを心掛けましょう。

「パシャパシャ…」音も楽しいな！手足をバタバタさせて、まるで泳いでいるようです。

2章 体を動かす 触る 見る

つめたくて、きもちいいね

指で「ツンツン…」スーパーボールを見つけたようです。

手のひらで押して「ギュ〜！」植物用保水剤の感触に興味をもって…。

115

2章：体を動かす

触る　見る

おすすめの年齢：0歳児〜2歳児

子どもの姿

腹ばいになってモノをつかんだり触ったりして遊ぶ子どもや、ハイハイや歩行で盛んに動き、いろいろなモノに興味をもって探索を楽しむ子どもなど、体の発達とともに活発に遊びを展開する姿が見られます。

アピールポイント　いろいろな感触を楽しめるよ

アピールポイント　透明で中身が見えるよ

材料：ジッパー付きポリ袋

見て触って感じる透明マット

ジッパー付きの透明ポリ袋の中に、いろいろな素材を詰めて、貼り合わせています。身近な素材の中で、音の鳴るモノや触っておもしろいモノなどを詰めてみましょう。

導入

保育室などの床に置き、子どもが興味をもって遊び始めるのを待ってみましょう。滑りやすい場合には、床に養生用テープで貼っておいてもいいですね。

作り方

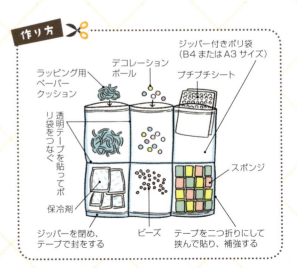

- ラッピング用ペーパークッション
- デコレーションボール
- ジッパー付きポリ袋（B4 または A3 サイズ）
- プチプチシート
- 透明テープを貼ってポリ袋をつなぐ
- スポンジ
- 保冷剤
- ビーズ
- ジッパーを閉め、テープで封をする
- テープを二つ折りにして挟んで貼り、補強する

夢中を支えるPoint ポイント

❊ 中に詰めるモノを工夫

見た目に美しいモノ、感触がおもしろいモノ、「なんだろう？」と不思議に思えるようなモノなど、子どもが探究心をもってじっと見つめたり、思わず触ってみたくなったりするような素材を探してみましょう。もちろん、乗って割れるモノなどは避け、安全面も考慮してください。

ビーズ

果物ネット

綿

デコレーションボール

毛糸

緩衝材（コーンクッション）

プチプチシート

保冷剤

ラッピング用ペーパークッション

❊ 子どもの気持ちに寄り添った関わりを

子どもの表情やしぐさから、どんな気持ちで見ているのか、何を感じているのかなどをしっかり読み取りましょう。そのうえで、そばでゆったり見守ったり、表情やしぐさで応えたり、共感して一緒に遊んだり、気持ちを代弁したり…、一人ひとりの気持ちに寄り添った援助を心掛けましょう。

じっと見つめて
手のひらで押さえたり、指でつまんだりといった高月齢児の遊びを、じっと見つめています。

腹ばいになって
手足をバタバタさせながら、手のひらでたたいたり、つかもうとしたり…。もう夢中で、よだれがいっぱいです。

2章 体を動かす
触る
見る

117

手で触って

つめたい！

冷やした保冷剤を触って、びっくり！

手のひら全体を使って押しています。

ぎゅ〜

材料 ジッパー付きポリ袋

友達と一緒に

つまもうとしています。友達と一緒で、楽しそう！

足で踏んで

マットの上を歩きながら、足裏で感触を確かめています。

バランスを崩したり滑ったりしたときに手を差し伸べられるよう、そばで見守ります。

座って

ちょっと、ひとやすみ

お尻の下も、気持ち良さそう！

保育者と一緒に

ゆびでツンツン…

子どもの思いに共感して言葉を掛けたり、保育者も一緒に楽しんだりすることで、遊びへの意欲も高まります。

よいしょ、よいしょ…

足元を見ながら、慎重に歩いています。

2章 体を動かす

触る
見る

2章：体を動かす

触る　見る　ハイハイ

おすすめの年齢：0歳児〜1歳児

子どもの姿

保育室の環境にも少しずつ慣れてきて、腹ばいになって遊んだり、ハイハイしたり、ヨチヨチ歩いたりしながら、部屋の中のモノに興味をもって探索する姿が見られます。

材料：段ボール板

見て触って感じるおもしろマット

アピールポイント：いろいろな素材が試せるよ

段ボール板にミラーシートやプチプチシート、卵パックなどを貼り付け、床に置いておきます。触って感触を確かめたり音を楽しんだり、映る様子に驚いたり…。

アピールポイント：腹ばいや、ハイハイで楽しめるよ

導入

いろいろな素材を貼り付けた段ボール板を床に置き、子どもが興味をもって遊び始めるのを待ちましょう。ずれて動かないよう、床に養生用テープで留めて固定してもいいですね。

作り方

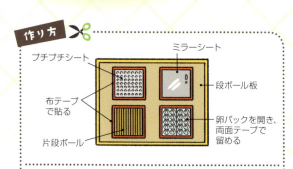

- プチプチシート
- ミラーシート
- 段ボール板
- 布テープで貼る
- 卵パックを開き、両面テープで留める
- 片段ボール
- カッターナイフで穴をあける
- 穴より大きい人工芝を裏から貼る

※人工芝などの貼りにくい物は、2枚の段ボール板を合わせて挟み込むといいですね。

夢中を支えるポイント

❋ 子どもが興味をもって遊べる素材を見つけよう

安全面に考慮したうえで、子どもが興味をもって遊べる素材を選んで段ボール板に貼り付けておきます。見たり、触ったり、音を楽しんだりする中で、いろいろなことを感じてくれるといいですね。

バリ、バリ！

指で押したり手のひらでたたいたり…。卵パックに興味津々です。

床の仕掛けに気付きやすいよう、転がして遊ぶ玩具も出しています。

ミラーシートに映った自分を見てびっくり！

❋ 子どもの気持ちを受け止め、保育者も一緒に遊ぼう

子どもが何に興味をもって、どのように感じているのかを探りながら、そばに寄り添い、一緒に遊ぶことで、信頼関係が生まれ、子どもも安心して遊び込むことができます。

子どもの目の高さに合わせて、保育者もハイハイ。

せんせいといっしょだから、こわくないさ

ツンツン…ちょっと、さわってみようかな

いつも遊んでいるテラスの人工芝ですが、それとは気付かず…。触るには少し勇気がいるようでした。

2章 体を動かす

触る / 見る / ハイハイ

2章 体を動かす

ハイハイ　歩く　転がす

おすすめの年齢：0歳児・1歳児・2歳児

子どもの姿

段差や傾斜のある場所を見つけると、上ったり下りたりを楽しむ姿がよく見られます。身体能力の発達とともに、様々なことに挑戦しようとしているようです。

アピールポイント
モノを転がして遊べるよ

アピールポイント
ハイハイ、ヨチヨチ、坂道が楽しいよ

材料：段ボール板・牛乳パック

なだらかなスロープで

ハイハイしたり、歩いたり、モノを転がしたり…。ほんのちょっとした傾斜が楽しい遊び場になりますね。

導入

いつもの環境との違いに気付き、ハイハイしたり歩いたりして上って行き、体で感じて確かめながら遊べるよう、子どもたちの登園前に設置しておきます。危険のないよう、そばで見守り、必要な子どもには手を差し伸べましょう。

作り方

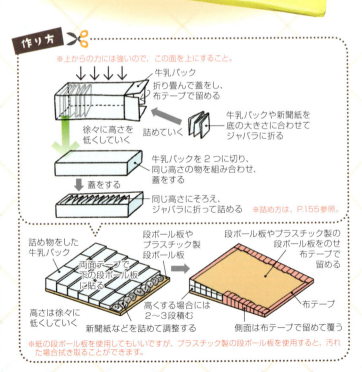

※上からの力には強いので、この面を上にすること。

牛乳パック　折り畳んで蓋をし、布テープで留める

徐々に高さを低くしていく

詰めていく　牛乳パックや新聞紙を底の大きさに合わせてジャバラに折る

牛乳パックを2つに切り、同じ高さの物を組み合わせ、蓋をする

蓋をする

同じ高さにそろえ、ジャバラに折って詰める　※詰め方は、P.155参照。

詰め物をした牛乳パック

段ボール板やプラスチック製段ボール板

段ボール板やプラスチック製の段ボール板をのせ布テープで留める

両面テープで下の段ボール板に貼る

高さは徐々に低くしていく

高くする場合には2～3段積む

新聞紙などを詰めて調整する

布テープ

側面は布テープで留めて覆う

※紙の段ボール板を使用してもいいですが、プラスチック製の段ボール板を使用すると、汚れた場合拭き取ることができます。

夢中を支えるポイント

✻ 一人ひとりに応じた関わりを

慎重に歩く子どもの姿を見守ったり、1人でチャレンジしようとする気持ちを受け止めたり、必要に応じて手を差し伸べたり、一人ひとりの思いを受け止めた関わりを心掛けましょう。

✻ 転がるモノと一緒に

慣れてきたら、転がるモノ（ボールやテープの芯など）と組み合わせて遊んでも楽しいですね。

25cmくらいの高さから、傾斜をつけました。最初は歩いて上り下りをするなど全身を使った遊びを楽しんでいましたが、モノが転がることを見つけると、いろいろなモノを転がして遊び始めました。

✻ ほんの少しだけ、難しい高さや傾斜を

子どもの体の機能の発達に合わせ、上り下りがほんの少しだけ難しい高さや傾斜を作りましょう。急すぎる傾斜は危険ですが、簡単すぎるとおもしろくないようです。

畳コーナーの高さに合わせて設置しました。なだらかな傾斜ですが、最初は慎重にハイハイで。そのうち徐々にヨチヨチ歩きになり、ついには小走りで行き来するようになりました。

✻ 組み合わせて

同じ高さの台を作っておくと、子どもの成長に合わせて、いろいろな組み合わせができます。

一休みできるスペースに

養生用テープまたは布テープで留める　　同じ高さの台

段があるから少し難しい！

養生用テープまたは布テープで留める

2章 体を動かす　　ハイハイ　またぐ　歩く

おすすめの年齢：0歳〜3歳（0歳児・1歳児・2歳児）

子どもの姿

ハイハイしたり、ヨチヨチ歩いたり、盛んに動き回っています。その中で、気持ちの落ち着く場所を見つけ、お気に入りのモノを持って遊ぶ姿が見られます。

材料：牛乳パック・新聞紙

お気に入りの場所だよ！

アピールポイント：入ったり出たりが楽しいよ

アピールポイント：積み重ねると、高くなるよ

牛乳パックで作った四角い枠が、ちょっとした「マイスペース」となります。少し段があるので、それを越えて中に入るのも楽しいようです。運動機能の発達に合わせて高さを調節しましょう。

導入

1〜3段くらいで高さの調整をし、1つずつ床に置いたり、並べて組み合わせたりして環境を整えます。枠の中にボールなどを入れておくのもいいですね。子どもたちが遊び始めるのを待ちましょう。

作り方

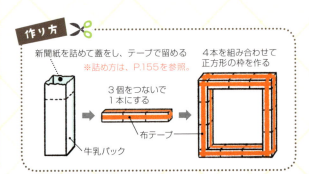

新聞紙を詰めて蓋をし、テープで留める
※詰め方は、P.155を参照。

牛乳パック

3個をつないで1本にする

布テープ

4本を組み合わせて正方形の枠を作る

夢中を支える ポイント

❋ 運動機能の発達に応じた環境を！

1段の枠をハイハイで越えることから始まり、2段の枠を越え、今度は3段にチャレンジしたり、立って越えようとしたり…。子どもたちはどんどん難しいことに挑んでいきます。それぞれの発達に応じた環境を整え、子どものチャレンジに寄り添いましょう。

❋ いろいろな素材と組み合わせて

四角い枠の中に、ボールを入れたり、プチプチシートを貼っておいたり、破って遊べる紙を貼っておいたり…。いろいろな遊びに展開できる仕掛けをしておくと楽しいですね。

ビリビリ…

紙を数枚重ねて貼り、破りやすいよう、切り込みを入れておきました。

2章 体を動かす
ハイハイ / またぐ / 歩く

ウーン。ひとりでこえたいけど、ちょっとこわいかなぁ…

1個 慎重にハイハイで越えたり、立って歩いて越えたり。

2個 ボールをたくさん入れて、プールのように！ちょっと高いので、出入りは難しくなります。

ボールは、ぜったいに、はなさないぞ！

この、きいろいボールがほしいの！

3個 3個の枠を組み合わせています。ちょっと複雑で越えるのが難しそう！

125

2章 体を動かす

入る　ハイハイ　くぐる　またぐ

おすすめの年齢：0歳児〜2歳児

子どもの姿

体の発達とともに探索活動が盛んになり、いろいろなモノや場所に積極的に関わり、動き回って遊ぶ姿が見られます。

材料：牛乳パック・新聞紙

お気に入りの場所だよ！Part2

アピールポイント：入ったり出たりが楽しいよ

アピールポイント：いろいろな組み合わせができるよ

牛乳パックで作った四角い枠（P.124参照）を4つ組み合わせています。出入りを楽しんだり、中に入って遊んだり…。仕掛けを工夫すると、より一層楽しくなりますね。アスレチック気分です！

導入

保育室の中の広いスペースに置いておき、子どもたちを迎え入れます。いつもと違う環境に戸惑わないよう、子どもの心に寄り添い、安心して遊び始められるようにしましょう。

作り方

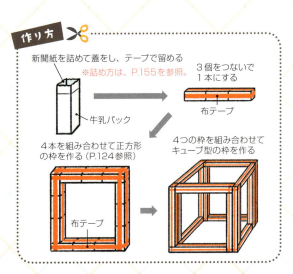

新聞紙を詰めて蓋をし、テープで留める
※詰め方は、P.155を参照。
牛乳パック

3個をつないで1本にする
布テープ

4本を組み合わせて正方形の枠を作る（P.124参照）
布テープ

4つの枠を組み合わせてキューブ型の枠を作る

夢中を支えるポイント

❋ いろいろな素材や仕掛けを組み合わせてみよう

布やスズランテープを付けたり、音の鳴るモノをつるしたり、紙を貼ったり…。いろいろな素材や仕掛けを工夫することで、楽しい遊びの空間となります。

スズランテープ

スズランテープの隙間から、目が合うと、うれしくてニッコリ！

容器

ビーズの入った容器を、ゴムで結び付けています。音が鳴るのも楽しそう！

布

レースのカーテンをくぐって出て来ました。少し透けて見えるので安心です。

2章 体を動かす
- 入る
- ハイハイ
- くぐる
- またぐ

2つつないでトンネルに！

向こうからのぞいたかと思うと、ハイハイでくぐり抜けてきました。

❋ 四角い枠の組み合わせを工夫しよう！

アスレチックのよう！

中で立つとちょうど顔が見えるくらいの高さです。

貼っていた包装紙を破って出て来ました。

もっと玩具を楽しもう！

室内公園に大変身！

砂場が大好きな子どもたち。大きな枠を作り、砂の代わりに緩衝材をたくさん入れておきました。保育室が室内公園に変身です！　枠があるので、緩衝材が部屋全体には広がらず、手で触ったり、足で踏んだりしながら、体全体で感触を味わっています。

材料　牛乳パック・新聞紙

砂場みたい！

洗剤用のスプーンですくったり、容器に入れたり…砂場での遊びと同じです！

手を伸ばしてぎりぎり届く高さが大好き！

おいでよ！

よいしょ。ちょっとたかいけど、ぼくはこっちから！

出たり入ったりも楽しそうです。

ここをくぐるのがおもしろいんだ！

枠の上も遊び場に。

造形展でも大活躍

日頃の活動の様子を保護者に伝えるために、「お気に入りの場所」を再現し、写真を添えて紹介しています。子どもたちの遊びに合わせ、少しずつ作り変えているのも分かります。

> 公園でもこんな縁を歩くのが大好きです
> お母さんに手を持ってもらい、ご満悦！

たくさん並べて置けるよう、棚も作りました。容器は牛乳パックを切った物を用意したので、緩衝材をすくって集めやすく、踏んでも割れません。

枠をつなぎ合わせて、大きな室内すな場のようなあそび場を作ってみました。子どもたちは、エコニーンの感触を楽しみ、寝ころがってみたり、パラパラと降らせてみたり…。洗剤スプーンですくってあそんだりと楽しんでいました

> くぐるのが楽しくなるように、スズランテープを付けています。

2章 体を動かす

入る / ハイハイ / くぐる / またぐ

129

2章 体を動かす

やりとりする　付ける　入れる

おすすめの年齢: 0歳児／1歳児／2歳児

子どもの姿

ひとり遊びを楽しむだけでなく、友達と一緒に同じ遊びをしたり、人との関わりを楽しんだりしながら遊びを展開する姿も見られます。

アピールポイント
くっ付けたり、穴に入れたり、やりとりを楽しんだり

アピールポイント
囲まれた空間が楽しいよ

材料
段ボール板・面ファスナー

つい立てでつくる "遊びの場"

プラスチック製の段ボール板で作った「つい立て」です。囲まれた空間の中での遊びだけでなく、四角い穴から、やりとりも楽しめます。スポンジを面ファスナーに付けたり、小さい穴に入れたりして遊びます。

導入

スポンジは「つい立て」の面ファスナーに付けたり、まとめて箱などに入れたりして置いておきます。子どもが興味をもって、しぜんと遊び始められるようにしましょう。

作り方

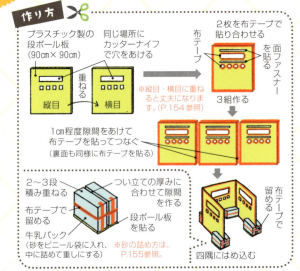

- プラスチック製の段ボール板（90㎝×90㎝）
- 同じ場所にカッターナイフで穴をあける
- 縦目／横目　重ねる
- ※縦目・横目に重ねると丈夫になります。(P.154参照)
- 2枚を布テープで貼り合わせる
- 布テープ
- 面ファスナーを貼る
- 3組作る
- 1㎝程度隙間をあけて布テープを貼ってつなぐ（裏面も同様に布テープを貼る）
- 2〜3段積み重ねる
- 布テープで留める
- 牛乳パック（砂をビニール袋に入れ、中に詰めて重しにする）
- つい立ての厚みに合わせて隙間を作る
- 段ボール板を貼る
- ※砂の詰め方は、P.155参照。
- 布テープで留める
- 四隅にはめ込む

夢中を支えるポイント

✤ 遊びの環境を整えよう

スポンジが床に広がり過ぎた場合には、箱などにまとめて入れ、遊びの環境を整えましょう。ペットボトルなどでバッグを作り、子どもが自分で集められるようにしてもいいですね。(P.90参照)

小さな穴からスポンジの入れ合い。保育者の膝の上にいる子どもも、その様子をじっと見ています。

あっ！見えたよ！

ぎゅ〜っ。いれたよ！

✤ 保育者も一緒に遊び、応答的な関わりを心掛けよう

小さな穴からスポンジを入れ合ったり、目を合わせて思いを共有したりすることで、子どもの心はうれしさで弾みます。

✤ 一人ひとりの遊びの質を見極めて

1人でじっくり遊んでいるときや、囲まれた空間の中で、落ち着いて遊んでいるときなどは言葉を掛けず、静かに見守ることも必要です。子どもの遊びの質を見極め、それぞれの遊びに応じた関わりを心掛けましょう。

囲まれた空間が、とっても落ち着くようです。

穴にスポンジを入れるのに夢中！ 向こうに落とし込まずに止めるのが、この子のこだわりです。

面ファスナーにくっ付くのがおもしろくて。

2章 体を動かす
やりとりする
付ける
入れる

もっと玩具を楽しもう！

バージョンアップして、いろいろな形に変えてみよう！

迷路のように

5枚を組み合わせると、ちょっと迷路のようです。遊びの場が増えますね。

材料：段ボール板・面ファスナー

2か所の囲まれた空間に、数人ずつ入って遊んでいます。

おきにいりのばしょだよ

中と外とで、それぞれの遊びを楽しんでいますが、四角い穴からのぞいて…互いににっこり！

囲まれた空間の中でひとり遊びを楽しんでいましたが、保育者も関わることで、"おとなり"とのやりとりが始まりました。

132

扉を付けて
扉の開け閉めも楽しくて。

扉を閉めると、自分たちだけの空間に！ 秘密の場所のようです。

作り方
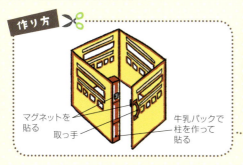

- マグネットを貼る
- 取っ手
- 牛乳パックで柱を作って貼る

はい、どうぞ

はいりま〜す♪

2章 体を動かす
- やりとりする
- 付ける
- 入れる

他の玩具と組み合わせても楽しいよ

壁ぎわや部屋の隅には、スポンジを使って遊べる他の手づくり玩具も用意しました。"つい立て"に集まり過ぎずに、いろいろな場所で遊べますね。

面ファスナーが付いたボードです。(P.20参照)

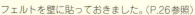

フェルトを壁に貼っておきました。(P.26参照)

面ファスナーやポケットが付いた「カラフルボード」です。(P.86参照)

133

2章 体を動かす

引き出す　入れる　見立てる

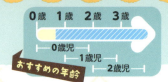

子どもの姿

オムツや着替えなどが入った引き出しに、興味をもって触っています。手を詰めそうになって怖い思いをしたり、中のモノを引っ張り出し、散らかして叱られたり…。

材料：段ボール箱・牛乳パック

お気に入りの引き出し

引き出しの中には、お気に入りの玩具がいっぱい入っています！

アピールポイント　中に入っているモノで遊ぼう！

アピールポイント　引き出しの出し入れが楽しいよ

導入

子どもが興味をもって遊べる素材を引き出しの中に入れ、遊びのスペースの片隅に置いておきます。子どもが気付いて遊び始めるのを待ってみましょう。

作り方

缶ビールなどの段ボール箱を積み重ねて棚を作る

※同じサイズの平たい段ボール箱を使えば簡単に棚ができます。

※側面に段ボール板を貼ることで丈夫になります。ハイハイやヨチヨチ歩きの子どもが寄り掛かっても大丈夫なように、大きなモノは壁などを利用して固定しておきましょう。

酒パックや牛乳パック、ティッシュケースなどの側面を一面切り取る

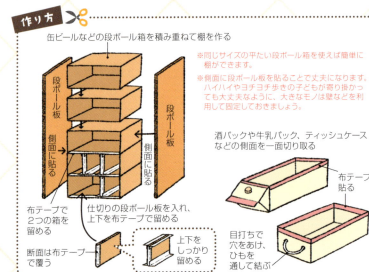

夢中を支える Point ポイント

❋ **子どもたちの興味・関心に合わせた素材を、引き出しの中に入れよう**

★ 握りやすいモノ、振って音が出るモノ（0歳児）

中にビーズやボタン、鈴などを入れます。蓋は接着剤を付けて閉め、テープを巻いてしっかり留めておきます。

中に押し笛を入れて巻きます。

★ 生活の中で興味があるモノ（0〜2歳児）
★ 見立てや模倣が楽しめる遊びに展開できるモノ（1・2歳児）

0歳児…きれいに折り畳んでいると、引っ張り出したくなるようです。布の感触を楽しみながら遊びます。

2歳児…モノを包もうとしたり、自分で畳み直したりして、お手伝いをしているつもりに…。

★ 組み合わせて遊べるモノ（1・2歳児）
★ 積む、並べる、集めるなど構成的な遊びが楽しめるモノ（1・2歳児）

並べたり積んだり…

ボトルキャップ　乳酸菌飲料の空き容器　箸ブロック（割り箸を短く切った木片）

容器の中に、入れたり出したり

ボトルキャップと組み合わせて

集めたり並べたり…

2章 体を動かす

引き出す／入れる／見立てる

もっと玩具を楽しもう！

遊びの環境を整えよう

床に、モノが散乱してきたら、まとめたり引き出しの中に入れ直したりしましょう。少し整理するとまた遊びが継続していきます。遊びの展開を見て、量の加減をしたり、必要なモノを追加したりしましょう。

材料
段ボール箱・牛乳パック

箱を使って

箱があることで、お気に入りのモノを集めて入れたり、まとめて運んだりできますね。

容器に入れたり、出したり

容器に、箸ブロックを入れて遊んでいます。入れ終わるとまた出して…。繰り返し楽しんでいました。

テーブルを使って

おいしいジュースですよ〜

ごっこ遊びに展開してきたので、テーブルを出しました。保育者も一緒に遊ぶことで、子どもたちの楽しい気持ちがつながります。

ジュースやさんです

ボトルキャップの上から容器をかぶせ、隠しています。

ひみつだよ

自分なりの遊びを見つけて

全ての容器の下に、ボトルキャップが入っています。

ボトルキャップの色にもこだわりをもって、並べています。

並べる

白い容器だけにこだわって並べ始めたので、保育者は同じ容器を集め、そっとそばに置きました。

2種類の容器を組み合わせて積んでいます。

積む

2章 体を動かす

引き出す / 入れる / 見立てる

造形展のコーナーに（0歳児）

親子で遊ぶコーナーとして、手づくり玩具を置いています。引き出しに入っているモノを取り出して、いろいろな玩具と組み合わせて遊びます。保護者にも遊び方を伝え、一緒に遊ぶきっかけをつくりましょう。

0歳児では、口元に運んでも大丈夫なモノを入れています。

"いたずら"のように見える子どもの遊びにも、育ちに必要な要素がたくさん含まれていることを伝えましょう。

2章 体を動かす

開け閉めする　引き出す　見立てる

おすすめの年齢: 0歳児・1歳児・2歳児

子どもの姿

日頃の生活の中でも、鍵に興味をもったり、扉の開け閉めを楽しんだり、家具の中に入っているモノに興味をもって引っ張り出したり…。いたずらのような遊びを繰り返しています。

材料：段ボール箱・鍵

アピールポイント: 扉の開け閉めが楽しいよ

扉を開けたら…

開き戸に簡単な鍵を付けています。まずはその鍵に興味津々です。扉の中には、興味をもって遊べるモノを入れておきましょう。

アピールポイント: 中に入っているモノで遊ぼう！

導入

保育室に置いておき、子どもが興味をもって遊び始めるのを待ちましょう。

作り方

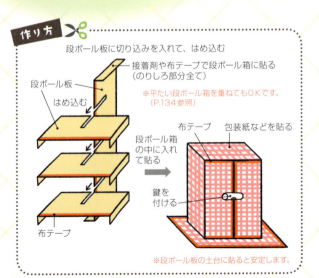

段ボール板に切り込みを入れて、はめ込む
接着剤や布テープで段ボール箱に貼る（のりしろ部分全て）
段ボール板
はめ込む
※平たい段ボール箱を重ねてもOKです。（P.134参照）
布テープ
包装紙などを貼る
段ボール箱の中に入れて貼る
鍵を付ける
布テープ
※段ボール板の土台に貼ると安定します。

夢中を支えるポイント

とてもうれしそうな表情で、保育者の方に目を向けました。

あいたよ！

市販の鍵を付けています。

鍵を開けるのに夢中です。

❋ 子どもが操作できる簡単な鍵を！

いたずらのような感覚で、子どもは鍵を開けることにチャレンジします。市販の鍵やフックを引っ掛けるだけの鍵など簡単な仕組みの鍵を付けておきます。そして自分で開けられたときのうれしい気持ちに寄り添いましょう。開けるだけでなく、鍵を閉めることも大好きです。

❋ 興味をもって遊べる素材を工夫しよう

中には棚を作り、引き出しや箱などに、子どもが興味をもって遊びを展開できるモノを入れておきます。積み木やブロック、市販の玩具だけでなく、容器類、ボトルキャップなど「造形あそび」が展開できるような素材を入れておくと楽しいですね。安全面に配慮しながら、いろいろな素材を工夫しましょう。

牛乳パックと積み木を入れています。

2章 体を動かす

開ける閉める

引き出す

見立てる

2章 体を動かす

開け閉めする　見る　出し入れする

おすすめの年齢：0歳〜2歳児

子どもの姿

鏡の前でほほ笑んだり手を振ったりして、映る様子に興味をもって遊んでいます。扉を開け閉めすることも大好きで、繰り返し楽しむ姿が見られます。

材料
段ボール箱・ミラーシート

アレレ…？ 映っているよ！

開け閉めのできる段ボール箱の中に、ミラーシートを貼っておきます。扉を開けてモノを置いてみると、アレレ…？？？ 映っているよ！

アピールポイント
映って楽しいよ！

アピールポイント
扉を開けたり閉めたり…

導入

テーブルや台の上など、子どもの手が届き、のぞき込める場所に置いておきましょう。気付かない場合には、扉を開け、そっとモノを入れておくのもいいですね。

作り方

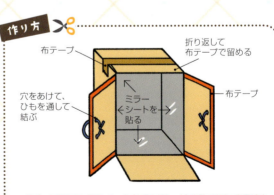

布テープ／折り返して布テープで留める／布テープ／穴をあけて、ひもを通して結ぶ／ミラーシートを貼る

※段ボール箱の中にミラーシート（キラキラシート）を貼ります。底面だけでもいいですが、側面にも貼って鏡面が増えると、より楽しくなります。台の上にテープなどで固定すると、ドアの開け閉めがしやすくなります。

夢中を支えるポイント

❋ 子どもの目線の高さに合わせて

箱の高さが低すぎると、ミラーシートに気付きにくくなります。座って遊ぶのか立って遊ぶのかも考えたうえで、台の上に置くなどして、子どもがのぞき込めるような高さに調節しましょう。動いて遊びにくい場合には、テープなどで台に固定しておくといいですね。

❋ 中に入れて遊ぶモノを工夫しよう!

ふだんから遊んでいる玩具や積み木、ブロックなどいろいろな素材を組み合わせて、遊んでみるのもいいでしょう。

あれれ？いっぱいだ！

わたしもうつってる！

箱の中にブロックを入れてのぞき込んでいます。

❋ 丁寧で穏やかな関わりを

ミラーシートに映る様子に興味をもち、「せんせい、みてみて！」の表情で保育者に伝えようとしたり、大事そうにそっと扉を閉めたりする姿が見られます。また、楽しい気持ちが大きすぎて取り合いのけんかになることもあります。その時々の子どもの目の輝きや気持ちに寄り添い、丁寧で穏やかな関わりを心掛けましょう。

映っている自分にそっと手を振って。

せんせい！みてみて！

わたしの"だいじ"がはいっているの

そっとドアを閉めています。

2章 体を動かす
開けめる / 見る / 出し入れする

141

2章 : 体を動かす

見立てる / 開け閉めする / 出し入れする

おすすめの年齢: 0歳〜3歳（1歳児・2歳児）

子どもの姿

見立てたり、つもりになって遊んだりする中で、ひとり遊びだけでなく、友達や保育者と盛んに関わる姿が見られます。

材料：段ボール箱

レンジでごっこ遊び

段ボール箱で作った電子レンジです。見立て遊びが楽しめるよう、スイッチボタンを貼り、扉には取っ手を付け、透明シートを貼って中が見えるようにしています。

アピールポイント
中が見えるよ！

アピールポイント
扉の開け閉めが楽しいよ

導入

机の上などに置き、子どもが中をのぞき込める高さにしておきましょう。容器類やテーブルなど、ごっこ遊びが展開できるモノも用意しておくといいですね。

作り方

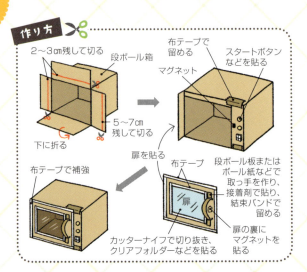

- 2〜3cm残して切る
- 段ボール箱
- 下に折る
- 5〜7cm残して切る
- 布テープで留める
- マグネット
- スタートボタンなどを貼る
- 布テープで補強
- 扉を貼る
- 布テープ
- カッターナイフで切り抜き、クリアフォルダーなどを貼る
- 段ボール板またはボール紙などで取っ手を作り、接着剤で貼り、結束バンドで留める
- 扉の裏にマグネットを貼る

142

夢中を支えるポイント

❋ 保育者も一緒に

保育者も一緒に遊び、落ち着いた穏やかな雰囲気をつくることで、モノの取り合いや場所の取り合いなどによるけんかが緩和されます。子どもの気持ちをつなぐ役割を担うようにしましょう。

できたかなぁ〜

できたかなぁ

思いに共感してくれる保育者がいることで、気持ちを落ち着かせて遊ぶことができます。

❋ ごっこ遊びが楽しめる環境を整えよう

容器類やその中に入れて遊べる素材、スプーン、トレイなど、ごっこ遊びに適したモノを用意します。必要に応じてテーブルを追加するなど、ごっこ遊びが展開しやすい環境をつくりましょう。

両手を使い、そっとレンジの中に入れています。

蓋を閉めて、スイッチを押して。

ピッピッピッ、ピー！

カップの中に、緩衝材を入れて遊んでいます。スプーンで移し替えたり、トレイにのせて運んだり、机の上が食卓になったりキッチンになったり…。

2章 体を動かす
見立てる
開ける・閉める
出し入れする

143

レンジの中が気になって

できたかなぁ♪

入れてから少し待って、中をのぞき込みました。

カップを中に入れた後、レンジから手を離さず、真剣なまなざしでじっと中を見ています。もちろん中の様子は変わりませんが、この子の心の中では、調理の様子をいろいろ思い浮かべているのでしょう。

材料　段ボール箱

見立てたり、つもりになったり

日常生活の様子が遊びの中に反映されますね。

ピッ、ピィ、ピィ

四角いボタンを押して、メニューを選んでいるつもりです。

ごちそうを取り分けているつもりです。

アッチッチ！
きをつけて！
フウフウしてからたべようね

トレイに入れて、そっと運んでいます。

144

友達と関わりながら

いろいろなモノや場に関わる中で、子どもたちは人と関わることを学んでいきます。時には小競り合いになったり、けんかになったりしながらも、少しずつ、友達と遊ぶ楽しさを感じていきます。保育者は子どもと子どもの思いをつなぎ、一緒に遊ぶ楽しさが味わえるような環境づくりを心掛けましょう。

2人並んでベンチに腰を掛け、同じ遊びをしていますが、関わりはなく平行遊びです。それぞれが自分の遊びに夢中です。

3人、4人と増えてくると、自分の場所を守ろうとして小競り合いになったり、少しだけ譲ったり、それをきっかけに一緒に遊んだり…。

じゅんばん！じゅんばん！じゅんばんでしょ！

ぼくが！　ぼくが！

レンジの中をのぞきたくて、扉を開けたくて…小競り合いに。「順番」という言葉をキーワードに、何とか一緒に遊ぶことになりました。

丸いテーブルを囲み、食事をしているつもりです。ひとり遊びに夢中になったり、友達とやりとりを楽しんだり…。

容器からこぼれ出そうになったので、そっと手を添えています。

はいどうぞ　アッ！こぼれそう！

2章　体を動かす

見立てる　開け閉めする　出し入れする

2章 体を動かす

見立てる　やりとりする

おすすめの年齢：0歳児〜2歳児（1〜2歳中心）

子どもの姿

周りの人に興味を示し、まねをしたり、つもりになって遊んだり、見立てたりする遊びが盛んになっています。

アピールポイント　ごっこ遊びが楽しめるよ

アピールポイント　隠れたスペースもうれしいな

材料：段ボール板・牛乳パック

いらっしゃいませ〜

段ボール板で作ったお店屋さんです。中に入ったり、お客さんになったり…。囲いと机があるだけで、更に遊びが展開していきます。

導入

ふだんの保育の中で、部屋の片隅に置いておくと楽しい空間になりますね。また、折り畳んでおき、ごっこ遊びが展開し始めた頃にそっと広げて、お店屋さんのコーナーをつくってもいいでしょう。

作り方

① 段ボール板3枚を貼り合わせる（3組作る）

※段ボール板は縦目と横目に交互に貼り合わせると丈夫になります。外側の2枚はきれいな段ボール板を使用しますが、中に挟む物は古い段ボール板でもいいでしょう。

約90cm／縦目／横目／縦目／木工用接着剤で貼る／1cm程度切り落とす／テーブルの天板に

② ①の一組に四角い窓をあけ、テーブルを作る

切り抜く／布テープを貼る／テーブルの脚の高さに合わせる

※少し小さくすることで、窓枠の中にはめ込みやすくなります。

テーブルの脚　牛乳パックの中に新聞紙を詰めた物を8本作る

※詰め方は、P.155参照。

③ 組み合わせる

目打ちで穴をあける／穴にストッキングを通し、しっかり縛る

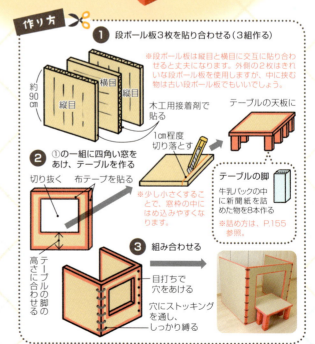

夢中を支えるポイント

❋ ごっこ遊びが楽しめるモノを用意して

容器類やその中に入れる素材などを用意し、まずは食べ物や飲み物などに見立てて遊ぶコーナーをつくると楽しくなりますね。

まとめて持ち運びができるよう、平たい箱をトレイ代わりに使っています。

容器類にフラワーペーパーを詰めて、ジュースやごちそう作りを楽しんでいます。ここではフラワーペーパーを1枚ずつ丁寧に扱うことがルールです。

「いっぱいつくって、おみせにもっていくんだ」

❋ 子どもと子どもをつなぐ役割を

自己主張も強くなり、モノや場所の取り合いが多くなる時期でもあります。「ダメ、ダメ！」といった禁止や否定のことばがけではなく、それぞれの子どもの気持ちに寄り添った援助を心掛けましょう。保育者は一緒になって遊びを楽しむ中で、子どもと子どもをつなぐ役割を担いましょう。

「いらっしゃいませ〜」
「はいどうぞ」
「ありがとう」
「ぼくも、ちょうだい」

テーブルの脚を窓にはめ込み、両側から使えるようにしています。

保育者がいることで、会話も弾み、子どもたちが一緒に遊ぶきっかけになりますね。

2章 体を動かす
見立てる／やりとりする

147

もっと玩具を楽しもう！

遊びが広がる環境構成を

遊びの広がりに応じて、室内のロッカーや棚、机などを組み合わせて使い、遊びの環境を整えましょう。臨機応変に対応しながら、子どもと一緒に遊びの場をつくっていくと楽しい活動になりますね。

材料：段ボール板・牛乳パック

ロッカーを冷蔵庫やレンジに見立てて。

れいぞうこに、ひやしておこうっと

とびらはこっちのほうがいいなぁ

扉の付け替えです。

ここはジュースやさん

手づくり玩具の引き出しも使っています。（P.134 参照）

お店の中が狭くなってきたので、机を追加しました。

ジュースを入れるしぐさがあったので、急遽、アルミホイルを棒状にして、ジュースサーバーを付けました。

ジュースをいれているの

148

一緒に遊ぶって楽しいな♪

保育者の仲立ちがなくても、子どもたちだけでやりとりを楽しめています。

"ぼくたちの"だいじ""

向かい合って、何だかうれしそう。大事に持っているその気持ちが共感できたのでしょう。柔らかな笑顔になっています。

いらっしゃい、いらっしゃい！

この狭い枠を通してのやりとりが、とても楽しそうで、活気があります。もう、どちらがお店屋さんか分かりません。

いつのまにか、ジュースサーバーも満員です。

そ〜っと、そ〜っと

せんせいがいっしょで、あんしん

保育者はそっと手を添え、子どもの気持ちに寄り添っています。

2章 体を動かす　見立てる　やりとりする

149

2章 体を動かす

入る　つまむ　引っ張る　見る

おすすめの年齢：0歳児／1歳児／2歳児

子どもの姿

机の下やロッカーの中など、狭い場所が大好きな子どもたち。1人だけの空間を確保してそっと休んでいたり、友達と一緒に仲良く入っていたり…。

材料：段ボール箱

段ボールハウス

大型の段ボール箱を使って、いろいろな仕掛けを作ります。中に入って狭い空間を楽しんだり、外にいる保育者や友達と関わって遊んだり…。

アピールポイント
中に入って遊べるよ！

アピールポイント
お気に入りの仕掛けがいっぱい！

導入

段ボールハウスを保育室に置き、子どもたちが興味をもって遊び始めるのを待ちます。優しく見守り、子どもの思いに共感しましょう。

作り方 ✂

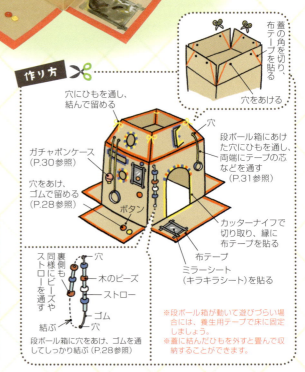

- 蓋の角を切り、布テープを貼る
- 穴をあける
- 穴にひもを通し、結んで留める
- 穴
- ガチャポンケース（P.30参照）
- 穴をあけ、ゴムで留める（P.28参照）
- ボタン
- 段ボール箱にあけた穴にひもを通し、両端にテープの芯などを通す（P.31参照）
- カッターナイフで切り取り、縁に布テープを貼る
- 布テープ
- ミラーシート（キラキラシート）を貼る

- 裏側も同様にビーズやストローを通す
- 穴
- 木のビーズ
- ストロー
- ゴム
- 結ぶ
- 穴

段ボール箱に穴をあけ、ゴムを通してしっかり結ぶ（P.28参照）

※段ボール箱が動いて遊びづらい場合には、養生用テープで床に固定しましょう。
※蓋に結んだひもを外すと畳んで収納することができます。

夢中を支えるポイント

❋子どもの興味に合わせた仕掛けを

穴にモノを入れたり、ひもを引っ張ったり、ボタンをつまんだり、鏡を見たり、扉を開け閉めしたり…、日頃の子どもたちの遊びを取り入れた仕掛けを工夫しましょう。

ミラーシートに映る様子に興味津々！

あれれ？

四角い穴が窓のようです。保育者や友達と目を合わせてにっこり♪ 丸い穴からはガチャポンケースの出し入れを楽しんでいます。

ひもでつながっている玩具を両手に持って引っ張っています。片方を引っ張れば片方が引っ込む。これが不思議で仕方がないようです。

ハイハイの子どもも、一所懸命に手を伸ばしています。簡単に手が届く所よりも、ちょっと難しい所がお気に入りです。

2章 体を動かす

入る / つまむ / 引っ張る / 見る

材料：段ボール箱

❋ 子ども同士の関わりを大切に

数人の子どもが入れる大きな段ボール箱で作りましょう。場所の取り合いになることもありますが、一緒に仲良く遊ぶきっかけにもなります。

ちょっとせまいけどいっしょに！

こっちだよ～

窓を通してお話しすると、何だかいつも以上にうれしそうです。

上から中をのぞいてみると…、狭い空間の中で、2人で仲良く遊んでいます。

❋ 和やかな雰囲気づくりを

段ボールハウスの中にいる子どもとやりとりを楽しんだり、仕掛けに興味をもった子どもに共感したり、保育者が和やかで楽しい雰囲気をつくることで、子どもたちは落ち着いて遊ぶことができます。

みて、みて…

「せんせい、みてみて！」の子どもの表情を捉え、タイミングよく共感することで、信頼感や安心感が生まれます。

素材と用具の使い方

素材と用具の特徴や使い方を知ることで、
玩具を作るのにピッタリのモノを選ぶことができます。
安全で丈夫に、簡単に作れるよう、
特徴をしっかり押さえましょう。

身近にあるいろいろな素材と生かし方

段ボール

ホームセンターなどでも市販されているが、廃材の段ボール箱を使用する場合には汚れていないかチェックすること。板状の段ボールは縦目と横目にして重ねると強度が増す。紙素材とプラスチック製があり、プラスチック製は色がきれいで耐久性に優れ、汚れても拭くことができる。小さく切って板状の玩具としても使える。

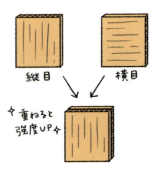

ペットボトル

2ℓの大きい物から、乳酸菌飲料の100mℓくらいの小さい物まで、サイズや形もいろいろである。用途に合わせて使い分けよう。柔らかいと壊れやすいので、硬質の物が適している。きれいに洗って使用すること。カッターナイフやはさみで切った切り口は、安全のためテープで覆っておく。

牛乳パック

紙質が丈夫で、サイズもそろいやすい。
きれいに洗って使用すること。

新聞紙などを詰めて利用すると強度が増す

A 新聞紙を詰める

ⓐ 丸めて詰める（15枚程度）

ⓑ ジャバラに折って詰める（22枚程度）

1枚を2回二つ折りにし、1/4サイズに / さらに内側に三つ折り / ジャバラに折る

ⓒ 段ボール板で枠を作り、丸めた新聞紙を詰める（5枚程度）

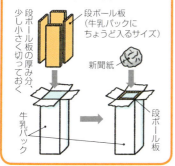

段ボール板（牛乳パックにちょうど入るサイズ）
段ボール板の厚み分、少し小さく切っておく
新聞紙
牛乳パック
段ボール板

新聞紙を詰めて蓋をし布テープで留める

ⓐは簡単ですが少し柔らかく丸みが出ます。
ⓑは丈夫で重量感があります。
ⓒは軽くて丈夫です。

切って玩具に

切って底の部分を容器として使ったり、輪切りにして玩具として利用したりできる。

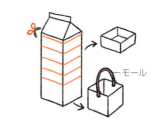

モール

B 牛乳パックを詰める

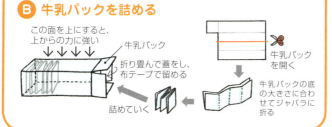

この面を上にすると、上からの力に強い
牛乳パック
折り畳んで蓋をし、布テープで留める
詰めていく
牛乳パックを開く
牛乳パックの底の大きさに合わせてジャバラに折る

砂を入れて重しに

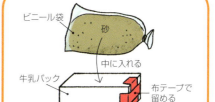

ビニール袋 / 砂 / 中に入れる / 牛乳パック / 布テープで留める

155

布

コットン、サテン、オーガンジー、フェルト、フリース、ガーゼ、ジャージ、サッカー地、タオル地など生地によって触ったときの感触が違う。

紙芯

ペーパー芯などは柔らかくはさみで切れるが、ラップの芯など固い紙管はのこぎりで切る。ビニールテープ、セロハンテープ、布テープなどの芯はそのままの形状で利用しやすいので、集めておくと便利。

台所用スポンジ

カラフルで色のきれいな物が多い。はさみで切れるので、大きさや形を変えることができる。不織布のナイロンたわしは、面ファスナーやフェルトなどに付きやすい。

ワイヤーネット

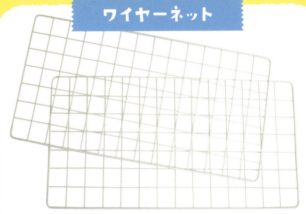

玩具をひもや結束バンドでワイヤーネットに留めておくと、柵などに付けやすくなる。数枚を組み合わせてケージを作ったり、つないで大きくしたりすることもできる。

いろいろな用具と使い方

いろいろな幅がある

セロハンテープ
透明が一般的だが、カラーもある。透明はいろいろな幅（12〜24㎝）があるので、貼るモノに合わせ使い分けると便利である。24㎝幅もテープカッターにセットして使用でき、接着面が広いのでしっかりと貼ることができる。

ビニールテープ
柔軟性があり、引っ張って貼ると伸びるので、接着面によく添って貼れるが、しばらくすると縮んで戻る。また、熱に弱く、時間が経つと接着面がベタベタし、剥がれやすくなる。

引っ張ると伸びる しばらくすると縮んで戻る

かわいい柄！手でちぎれる

マスキングテープ
手でちぎって貼ることもできる。粘着力は弱いが、いろいろな色や柄の物があり、装飾に使うときれいである。

ツルツルのモノ＝○ ザラザラのモノ＝✕

両面テープ
一般的にツルツルとした素材にはしっかり付くが、ざらざらした素材や凹凸のあるモノには付きにくい。布用の両面テープもある。

テープ

床や壁に使える

養生用テープ
粘着力は弱いが、剥がす際には「のり残り」が少なく、建物を傷つけにくいので、床や壁面などに貼る場合に使用する。

重ね貼りができない

クラフトテープ
紙を素材としたテープで、表面がツルツルしており、重ね貼りができない物が多い。

布テープ
クラフトテープより粘着力が強く丈夫で、重ね貼りもできる。段ボール板などの接着や、縁の補強、ペットボトルの切り口を覆うなど、いろいろな場面で活用できる。

丈夫で重ね貼りもOK！

コーティングにも◎

幅広透明テープ
透明度が高く、強力な粘着力があり、重ね貼りができる。段ボール板などに貼り詰め、コーティングすることもできる。テープの切り口は折り返しておくと、次に使うときに切り口を見つけやすく便利。

接着剤

水で薄めてハケで塗っても

アイロンで更に強力！

短時間で強力！

グルーガン
多用途接着剤と同じく、いろいろな素材の接着が可能。スティック状の樹脂を溶かして接着する。樹脂が冷めれば固定するので、短時間で強力に接着できる。

木工用接着剤
木、紙、布の接着に使用。水で薄めてハケなどで塗ることもできる。

裁縫用接着剤
布の接着に使用。針と糸で縫う代わりに使用。アイロンをかけると更に強力で速乾接着できる。

ペットボトルやプラスチックに！

多用途接着剤
木、布、紙だけでなく、プラスチック、ゴムなどいろいろな素材の接着が可能。ペットボトルなどのプラスチック素材の接着に適しているが、乾くまで待つのがポイント。

結束バンド・ひも

手づくり玩具を段ボール板や柵などに付ける場合に使用する。目打ちなどであけた穴に通してくくり付ける。

穴に通して使う

柵に付ける

カッターナイフ

用途に合わせて使い分けよう

使うときの注意点
- 刃の進む方向に手を置かない。
- 使い終わったら、その都度、必ず刃をしまう。
- 切れ味が悪くなったら、刃を折って新しくする。

段ボールなど厚手の物を切るとき

大型

小型

紙など薄手の物を切るとき

段ボールなどに丸い穴をあけたり、細かい作業をしたりするときには、鉛筆持ちをすると小回りが利き使いやすい。

★持ち方
鉛筆を握るようにカッターナイフを持ち、刃を1〜2cm出し、刃先を押し込むようにしながら少しずつ切っていく

アートナイフ
細かい作業に適したペンタイプのカッターナイフ。鉛筆感覚で握りやすく繊細な切り抜きが可能。

← 繊細な切り抜きに！

円切りカッター
紙、布、厚紙などを円形にカットでき、針穴が付かないタイプもある。

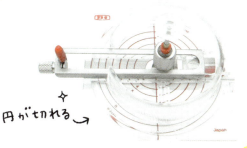

円が切れる→

穴をあける道具

千枚通し
段ボール、プラスチック、紙芯、紙、布などに穴をあけるときに使用。元の部分まで太さはあまり変わらないので、同じ大きさの穴をまとめてあけるときには便利。

ほぼ同じ太さ

パンチ
紙やクリアフォルダーにきれいな穴をあけることができる。一つ穴パンチが使いやすい。

目打ち
千枚通しと同じく穴をあけるのに使用。元にいくほど太くなっているので、差し込む深さによって穴の大きさを加減することができる。

太 ↔ 細

くぎ
缶などに穴をあけるときには、くぎを金鎚で打ち込んであける。穴を大きくしたい場合には太いくぎを使い、更に目打ちで広げる。

著者 村田夕紀 （むらた ゆき）

大阪教育大学（美術専攻）卒業
元・四天王寺大学短期大学部保育科教授
造形教育研究所「こどものアトリエ」主宰

実践協力
安威たんぽぽ学園（大阪府茨木市）
小市学園（大阪府大阪市）
たんぽぽ学園（大阪府茨木市）
たんぽぽtriangle学園（大阪府茨木市）
たんぽぽbambi保育園（大阪府茨木市）
たんぽぽ中条学園（大阪府茨木市）
寺内さくらこども園（大阪府守口市）
認定こども園たちばな保育園（大阪府茨木市）
日の出巽西園（大阪府大阪市）
やわらぎ保育園（大阪府南河内郡）
造形教育研究所「こどものアトリエ」（大阪府大阪市）

STAFF
本文イラスト　Meriko
本文デザイン　柳田尚美（N/Y graphics）
校正　　　　　株式会社文字工房燦光
企画・編集　　井家上萌・三宅幸

☆本書は、『月刊保育とカリキュラム』2014〜2017年度に掲載された内容に加筆・修正し、まとめたものです。

主な著書
＊ 3・4・5歳児の楽しく絵を描く実践ライブ
＊ 0・1・2歳児の造形あそび実践ライブ
＊ 2・3・4・5歳児の技法あそび実践ライブ
＊ 3・4・5歳児の四つ切り画用紙に描く実践ライブ
＊ カンタン！　スグできる！　製作あそび1・2
＊ 0・1・2・3歳児のきせつのせいさく
（すべて、ひかりのくに・刊）

0・1・2歳児 遊んで育つ手づくり玩具

2018年2月　初版発行
2025年3月　第14版発行

著　者　村田 夕紀
発行人　岡本 功
発行所　ひかりのくに株式会社
　　　　〒543-0001 大阪市天王寺区上本町3-2-14
　　　　郵便振替 00920-2-118855　TEL.06-6768-1155
　　　　〒175-0082 東京都板橋区高島平6-1-1
　　　　郵便振替 00150-0-30666　　TEL.03-3979-3112
　　　　ホームページアドレス　https://www.hikarinokuni.co.jp

印 刷 所　大日本印刷株式会社

©Yuki Murata 2018
乱丁、落丁はお取り替えいたします。

Printed in Japan
ISBN 978-4-564-60912-1
NDC376　160p　21×19cm

本書のコピー、スキャン、デジタル化等の無断複製は著作権法上での例外を除き禁じられています。本書を代行業者等の第三者に依頼してスキャンやデジタル化することは、たとえ個人や家庭内の利用であっても著作権法上認められておりません。